5年

実力アップ 英語練習ノート

特別ふろく

JN058746

ふろく英語カードの練習ができる！

年　　　組	名前

「英語練習ノート」はとりはずして使用できます。

Ⓐ

1 家族 ①

読みながらなぞって、もう１回書きましょう。

①

family
家族

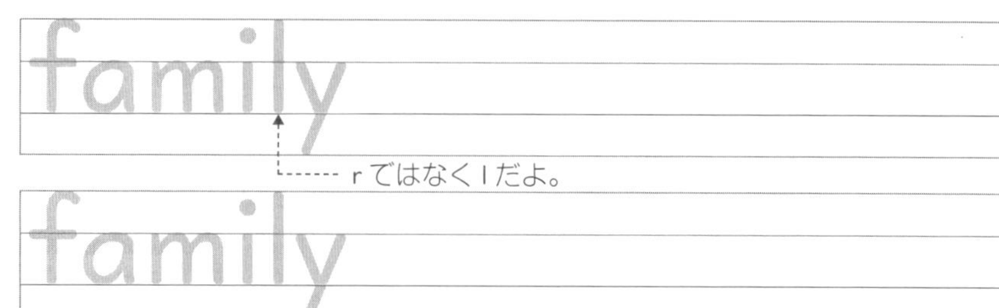

family
r ではなく l だよ。
family

②

father
お父さん

father
father

③

mother
お母さん

mother
a ではなく o だよ。
mother

④

brother
お兄さん、弟

brother
brother

⑤

sister
お姉さん、妹

sister
a ではなく e だよ。
sister

家族 ②／食べ物・飲み物 ①

読みながらなぞって、もう１回書きましょう。

⑥

grandfather
おじいさん

grandfather

a ではなく e だよ。

⑦

grandmother
おばあさん

grandmother

⑧

curry and rice
カレーライス

curry and rice

⑨

steak
ステーキ

steak

steak

⑩

hot dog
ホットドッグ

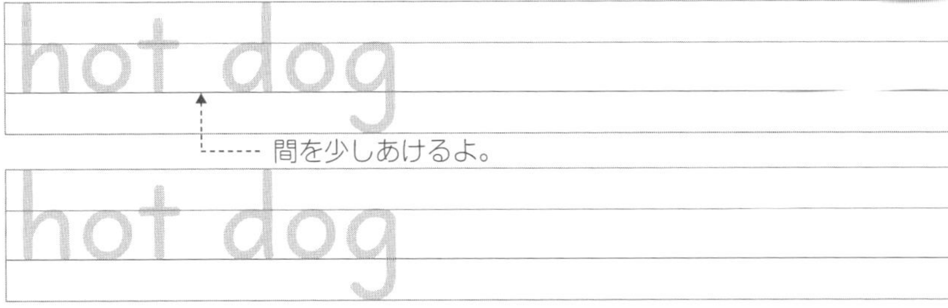

hot dog

間を少しあけるよ。

hot dog

3 食べ物・飲み物 ②

読みながらなぞって、もう 1 回書きましょう。

⑪

spaghetti
スパゲッティ

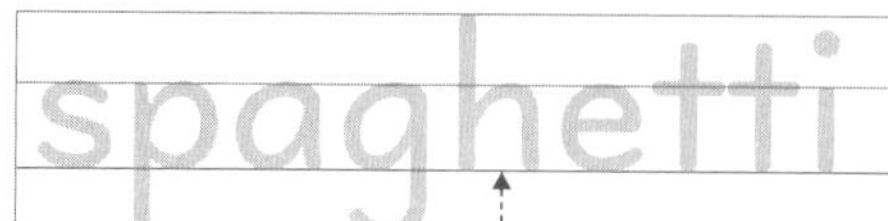

h をわすれずに！

⑫

French fries
フライドポテト

French fries

⑬

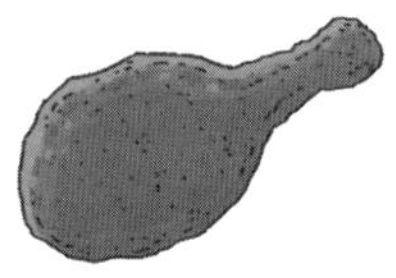

fried chicken
フライドチキン

fried chicken

i ではなく e だよ。

⑭

grilled fish
焼き魚

grilled fish

⑮

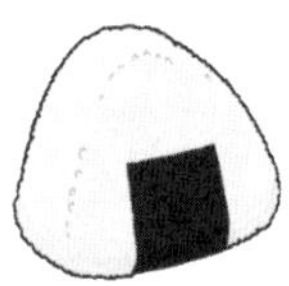

rice ball
おにぎり

rice ball

rice ball

4 食べ物・飲み物 ③ / 楽器 ①

読みながらなぞって、もう 1 回書きましょう。

⑯

noodle
めん

⑰

parfait
パフェ

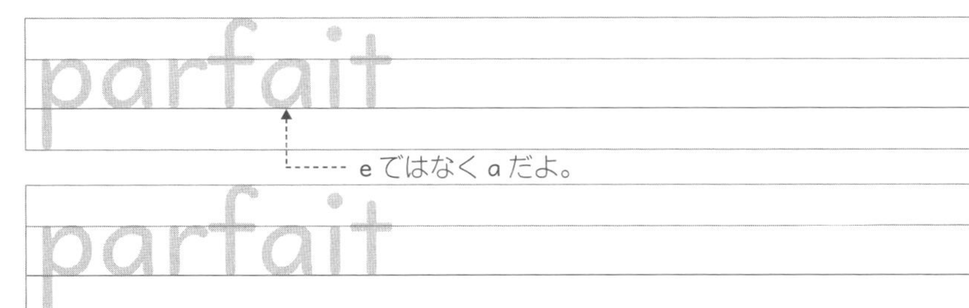

⑱

soda
ソーダ

soda

soda

⑲

piano
ピアノ

piano

⑳

recorder
リコーダー

recorder

aではなくeだよ。

5 楽器 ② / スポーツ ①

読みながらなぞって、もう１回書きましょう。

㉑

guitar
ギター

guitar
（u をわすれずに！）
guitar

㉒

violin
バイオリン

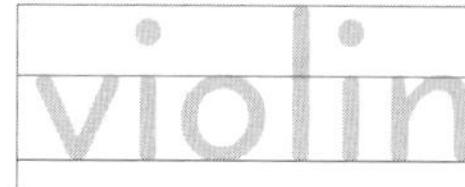

violin

㉓

drum
太鼓（たいこ）

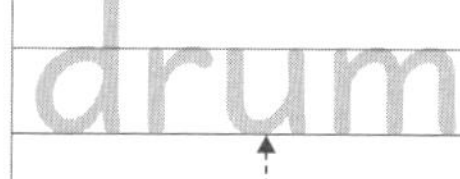

（a ではなく u だよ。）
drum

㉔

sport
スポーツ

sport

㉕

volleyball
バレーボール

6 スポーツ ②／身の回りの物 ①

読みながらなぞって、もう１回書きましょう。

㉖

table tennis
卓球（たっきゅう）

table tennis
eではなくaだよ。

㉗

badminton
バドミントン

badminton

㉘

dodgeball
ドッジボール

dodgeball
lを２つ重ねるよ。

㉙

basket
かご

basket
basket

㉚

map
地図

map
map

7 身の回りの物 ②

読みながらなぞって、もう１回書きましょう。

㉛

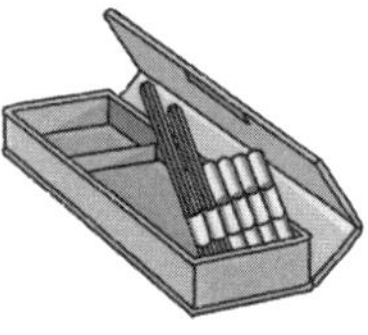

pencil case
筆箱

pencil case

kではなくcだよ。

㉜

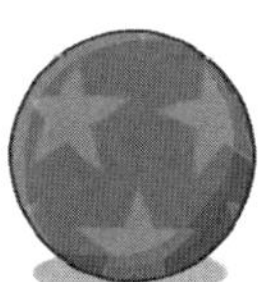

ball
ボール

ball

ball

㉝

glove
グローブ

glove

rではなくlだよ。

glove

㉞

chair
いす

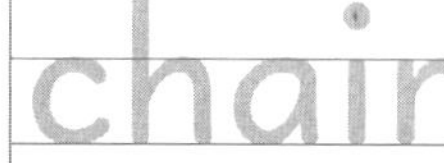

chair

chair

㉟

clock
かけ時計、置き時計

clock

clock

8 身の回りの物 ③ / 教科 ①

読みながらなぞって、もう 1 回書きましょう。

㊱

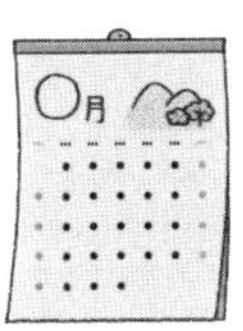

calendar
カレンダー

calendar

computer
コンピューター

a ではなく e だよ。

㊳

sofa
ソファー

sofa

㊴

subjects
教科

subjects

subjects

㊵

Japanese
国語

Japanese

i ではなく e だよ。

9 教科 ②

読みながらなぞって、もう１回書きましょう。

㊶

math
算数

math
math

㊷

science
理科

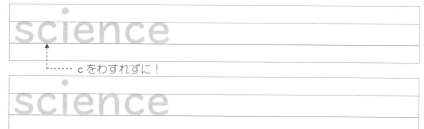

㊸

social studies
社会科

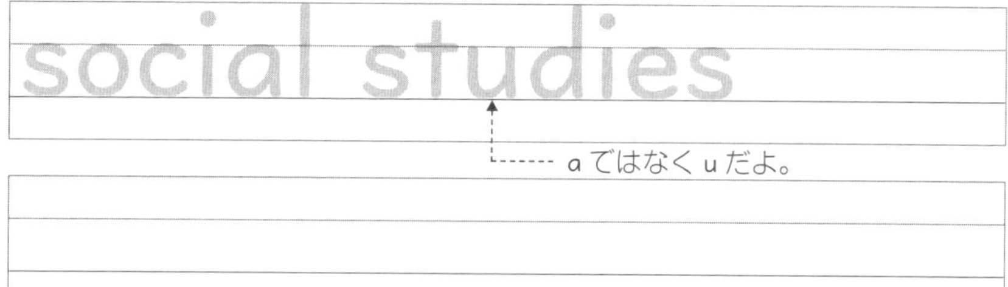

㊹

English
英語

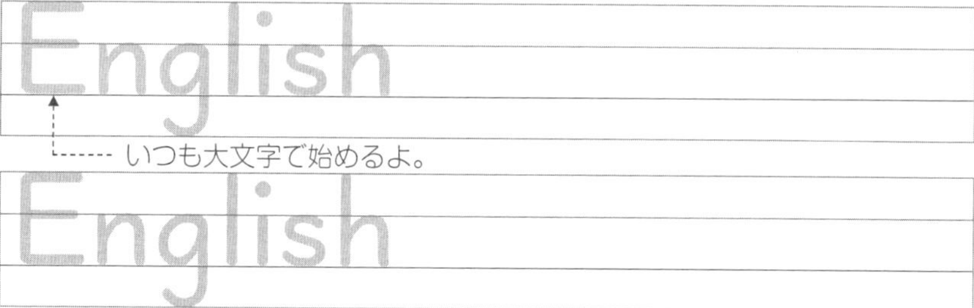

㊺

P.E.
体育

10 教科 ③

読みながらなぞって、もう１回書きましょう。

㊻

music

音楽

music

kではなくcだよ。

music

㊼

arts and crafts

図画工作

arts and crafts

㊽

home economics

家庭科

home economics

㊾

calligraphy

書写

calligraphy

lを２つ重ねるよ。

11 曜日 ①

読みながらなぞって、もう１回書きましょう。

㊿ 

Sunday
日曜日

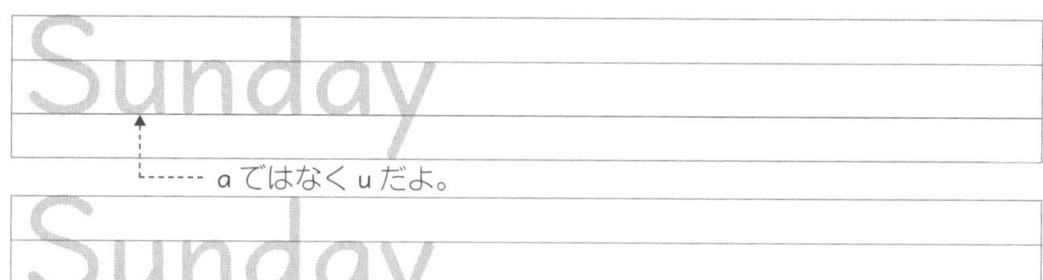

51 

Monday
月曜日

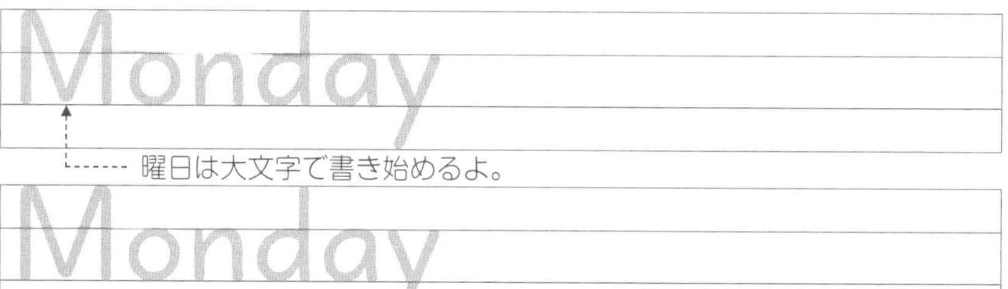

Monday
曜日は大文字で書き始めるよ。
Monday

52 

Tuesday
火曜日

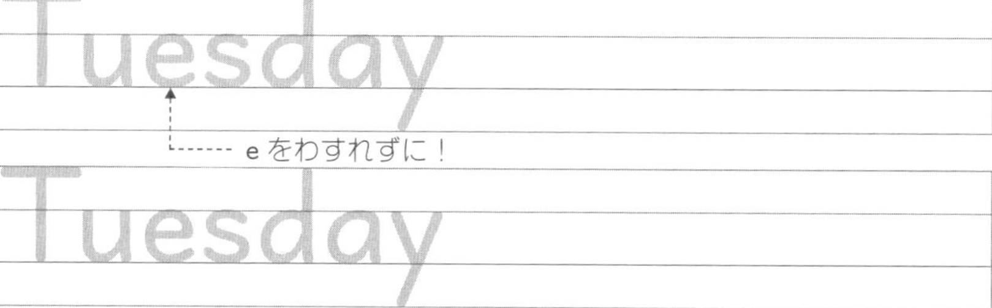

53 

Wednesday
水曜日

54 

Thursday
木曜日

Thursday

eではなくaだよ。

12 曜日 ② / 時を表すことば

読みながらなぞって、もう１回書きましょう。

55

Friday
金曜日

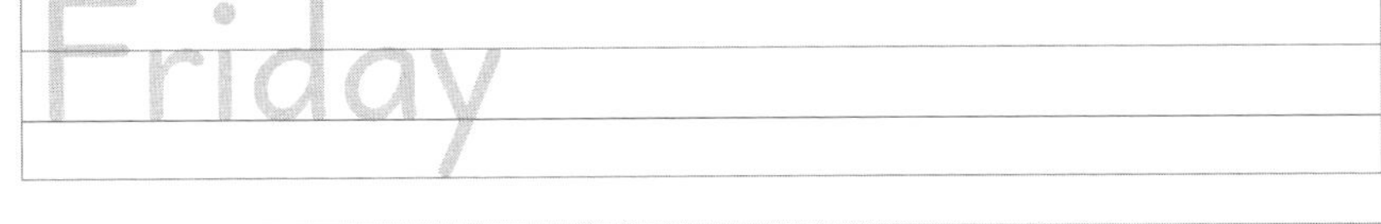

Friday

Friday

56

Saturday
土曜日

Saturday

a ではなく u だよ。

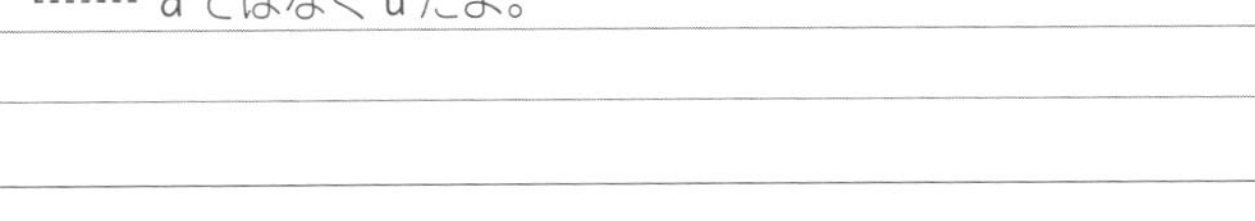

57
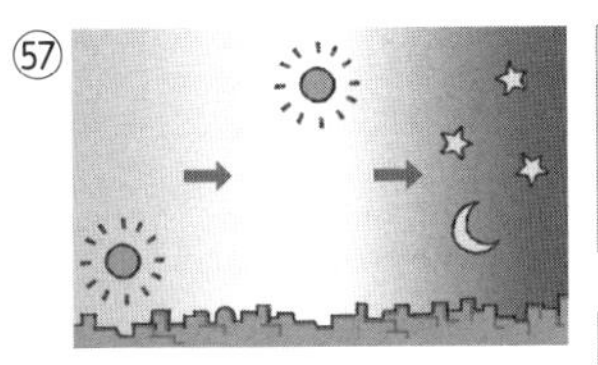

day
日、１日

day

day

58

week
週

week

e を２つ重ねるよ。

week

59
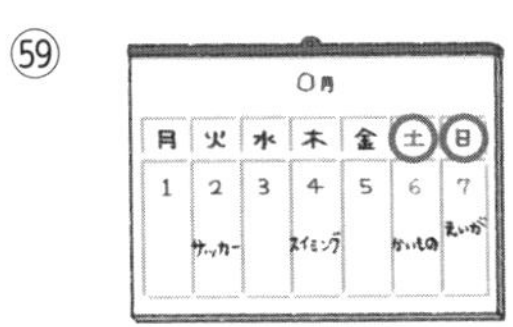

weekend
週末

weekend

13 季節

読みながらなぞって、もう１回書きましょう。

⑥⓪ 
season
季節

season
uではなくoだよ。
season

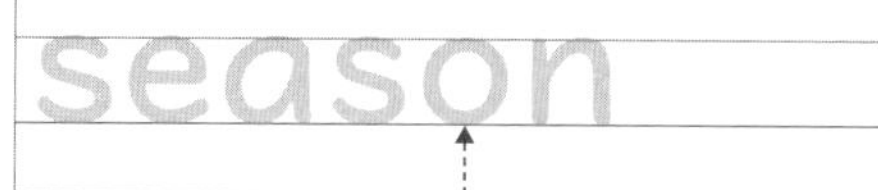

⑥① 
spring
春

spring
spring

⑥② 
summer
夏

summer
mを２つ重ねるよ。
summer

⑥③ 
fall
秋

fall
oではなくaだよ。
fall

⑥④ 
winter
冬

winter
winter

14 月 ①

読みながらなぞって、もう１回書きましょう。

㊅

January

１月

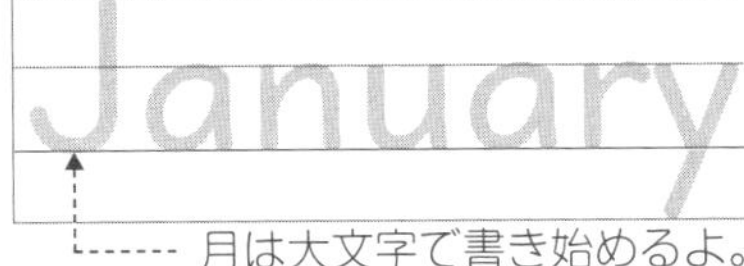

月は大文字で書き始めるよ。

January

㊆

February

２月

February

㊇

March

３月

March

March

㊈

April

４月

April

ｌで終わるよ。

April

15 月 ②

読みながらなぞって、もう 1 回書きましょう。

⑥⑨

May

May

e ではなく a だよ。

May
5 月

⑦⓪

June

June

June
6 月

⑦①

July

July

r ではなく l だよ。

July
7 月

⑦②

August

August

August
8 月

16 月 ③

読みながらなぞって、もう１回書きましょう。

㉓

9月から12月は ber で終わるよ。

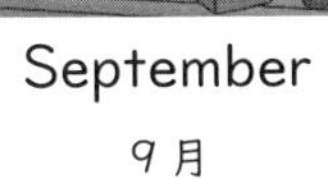

September
9月

㉔

October
10月

㉕

November

n ではなく m だよ。

November
11月

㉖

December

December
12月

17 職業（しょくぎょう） ①

読みながらなぞって、もう１回書きましょう。

⑰

teacher

teacher

aをわすれずに！

teacher

先生

⑱

student

student

student

生徒、学生

⑲

baseball player

baseball player

野球選手

⑳

doctor

doctor

aではなくoだよ。

doctor

医者

㉑

nurse

nurse

nurse

看護師（かんごし）

18 職業 ②

読みながらなぞって、もう 1 回書きましょう。

82

police officer
警察官

83

fire fighter
消防士

84

florist
生花店の店員

85

baker
パン焼き職人

er で終わるよ。

86

farmer
農場主

19 職業(しょくぎょう) ③

読みながらなぞって、もう 1 回書きましょう。

87

bus driver
バスの運転手

bus driver

88

pilot
パイロット

pilot
r ではなく l だよ。
pilot

89

singer
歌手

90

programmer
プログラマー

91

actor
俳優(はいゆう)、役者

actor
a ではなく o だよ。
actor

20 施設(しせつ)・建物 ①

読みながらなぞって、もう１回書きましょう。

92

house
家

93

school
学校

94

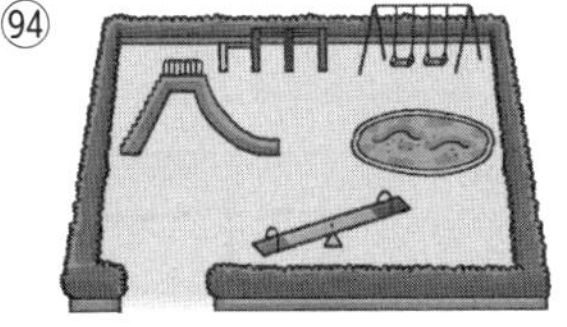

park
公園

95

shop
店

96

library
図書館

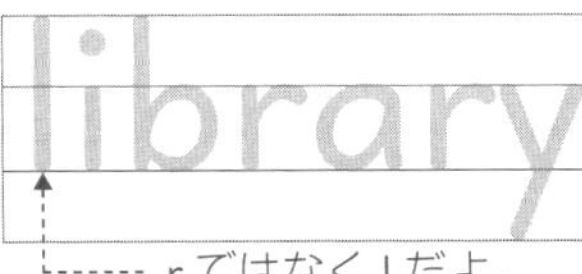

21 施設(しせつ)・建物 ②

読みながらなぞって、もう１回書きましょう。

97

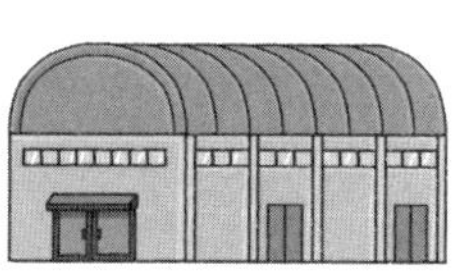

gym
体育館

gym
ｉではなくｙだよ。
gym

98

restaurant
レストラン

restaurant

99

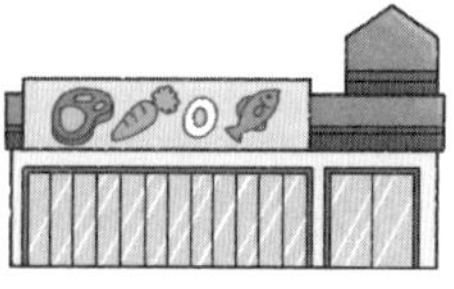

supermarket
スーパーマーケット

supermarket
ａではなくｅだよ。

100

station
駅

station
station

101

police station
警察署(けいさつしょ)

police station

22 施設(しせつ)・建物 ③

読みながらなぞって、もう１回書きましょう。

(102)

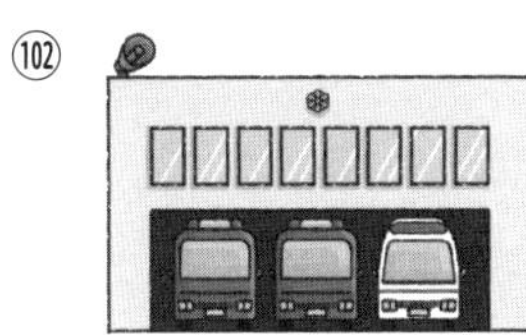

fire station

消防署(しょうぼうしょ)

fire station

e をわすれずに！

(103)

gas station

ガソリンスタンド

gas station

(104)

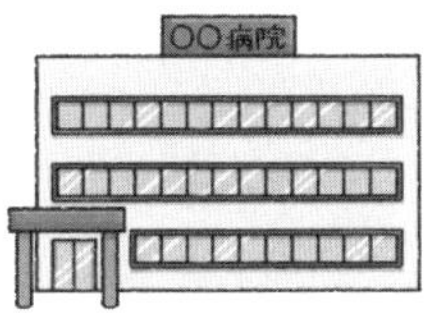

hospital

病院

hospital

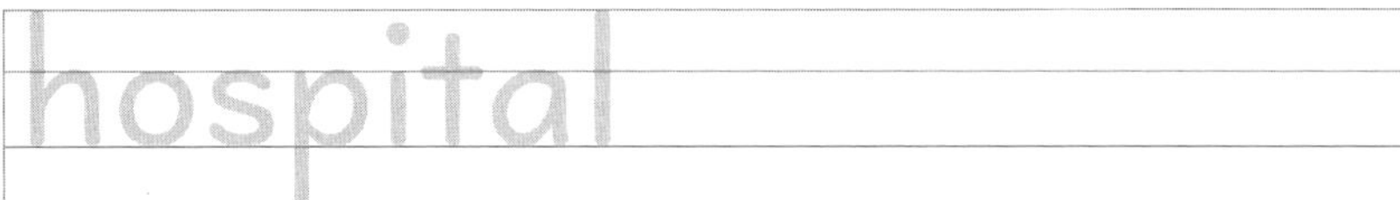

hospital

(105)

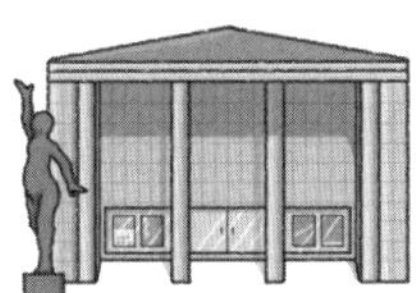

museum

美術館(びじゅつかん)、博物館

museum

a ではなく u だよ。

museum

(106)

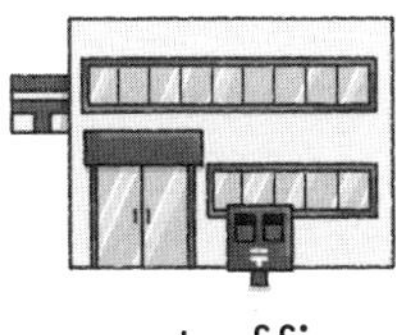

post office

郵便局(ゆうびんきょく)

post office

●勉強した日　　月　　日

23 施設（しせつ）・建物 ④

読みながらなぞって、もう１回書きましょう。

⑩⑦

bus stop
バス停（てい）

bus stop

aではなくuだよ。

⑩⑧

flower shop
生花店、花屋さん

flower shop

⑩⑨

hotel
ホテル

hotel

hotel

⑪⓪
farm
農場

farm

rをわすれずに！

farm

24 様子・状態（じょうたい）を表すことば ①

読みながらなぞって、もう１回書きましょう。

⑪1

big
大きい

big

⑪2

small
小さい

⑪3

long
長い

long

long

⑪4

short
短い

25 様子・状態(じょうたい)を表すことば ②

読みながらなぞって、もう１回書きましょう。

115

new

新しい

new

new

116

old

古い

old

old

117

kind

親切な

kind

kind

118

cool

かっこいい

cool

o を２つ重ねるよ。

cool

119

famous

有名な

famous

a ではなく o だよ。

famous

26 様子・状態(じょうたい)を表すことば ③

読みながらなぞって、もう１回書きましょう。

⑫⓪

strong
強い

strong
strong

⑫①

active
活動的な

active
eをわすれずに！
active

⑫②

smart
利口な

smart
smart

⑫③

cute
かわいい

cute
oではなくeだよ。
cute

⑫④

friendly
友好的な

friendly
rではなくlだよ。
friendly

27 動作を表すことば ①

読みながらなぞって、もう１回書きましょう。

125 

play

（スポーツなどを）する、演奏(えんそう)する

play

r ではなく l だよ。

play

126 

have

ある、持っている

have

have

127 

like

好きである

like

like

128 

want

ほしい

want

want

129 

eat

食べる

eat

つづりのまちがいに気をつけよう。

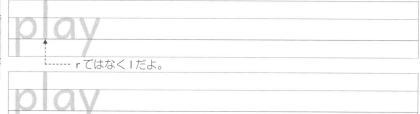

eat

28 動作を表すことば ②

読みながらなぞって、もう１回書きましょう。

(130)

walk
歩く

walk

walk

(131)

run
走る

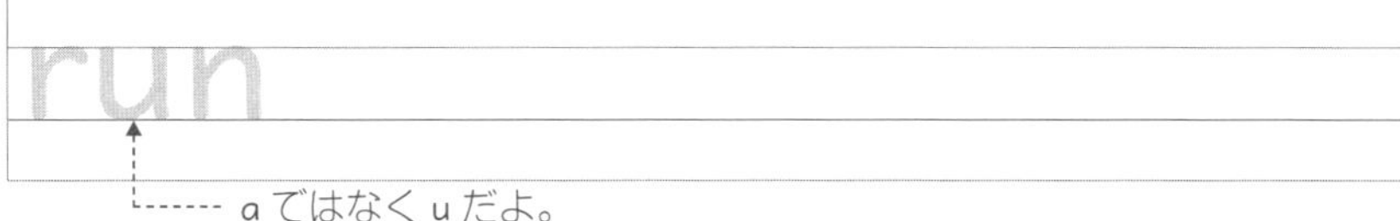

run

aではなくuだよ。

run

(132)

jump
跳ぶ

jump

jump

(133)

speak
話す

speak

speak

(134)

see
見る、見える

see

eを２つ重ねるよ。

see

29 動作を表すことば ③

読みながらなぞって、もう１回書きましょう。

⑬⑤

sing

歌う

sing
sing

⑬⑥

dance

踊（おど）る

dance
s ではなく c だよ。
dance

⑬⑦

cook

料理をする

cook
cook

⑬⑧

buy

買う

buy
a ではなく u だよ。
buy

⑬⑨

help

手伝う

help
help

30 動作を表すことば ④ / 日課 ①

読みながらなぞって、もう１回書きましょう。

140

ski
スキーをする

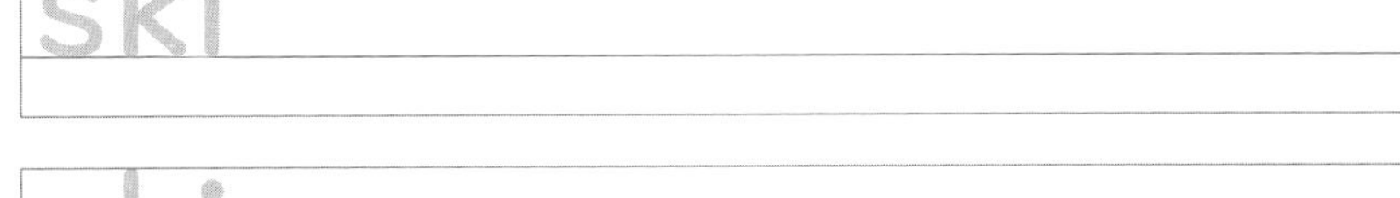

ski

ski

141

skate
スケートをする

skate

e で終わるよ。

skate

142

fly
飛ぶ

fly

fly

143

get up
起きる

get up

間をあけるよ。

get up

144

go to school
学校へ行く

go to school

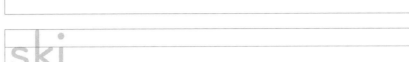

31 日課 ②

読みながらなぞって、もう１回書きましょう。

145

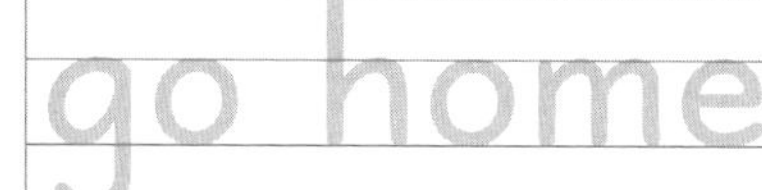

go home

家へ帰る

go home

go home

146

do my homework

宿題をする

do my homework

uではなくoだよ。

147

watch TV

テレビを見る

watch TV

148

take a bath

<ruby>風呂<rt>ふろ</rt></ruby>に入る

take a bath

eで終わるよ。

149

go to bed

ねる

go to bed

1 one 2 two 3 three 4 four 5 five 6 six 7 seven 8 eight 9 nine 10 ten 11

17 seventeen 18 eighteen 19 nineteen 20 twenty 30 thirty 40 forty 50 fifty 60

93 ninety-three 94 ninety-four 95 ninety-five 96 ninety-six 97 ninety-seven 98

●月と季節●日課●数

eleven 12 twelve 13 thirteen 14 fourteen 15 fifteen 16 sixteen
sixty 70 seventy 80 eighty 90 ninety 91 ninety-one 92 ninety-two
nety-eight 99 ninety-nine 100 one hundred

Number

p04

使い方

❶切りはなして、リングなどでとじます。
❷音声に続けて言いましょう。音声はこちらから聞くことができます。

❸日本語を見て英語を言いましょう。

英語がわかったら
覚えて何回も言えたら
かんぺきだと思ったら

それぞれのアイコンを丸で囲みましょう。

1 家族

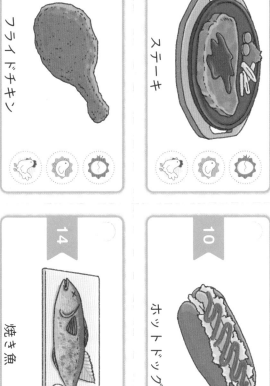

2 お父さん

3 お母さん

4 お兄さん、弟

5 お姉さん、妹

6 おじいさん

7 おばあさん

8 カレーライス

9 ステーキ

10 ホットドッグ

11 スパゲッティ

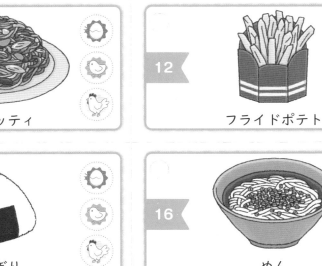

12 フライドポテト

13 フライドチキン

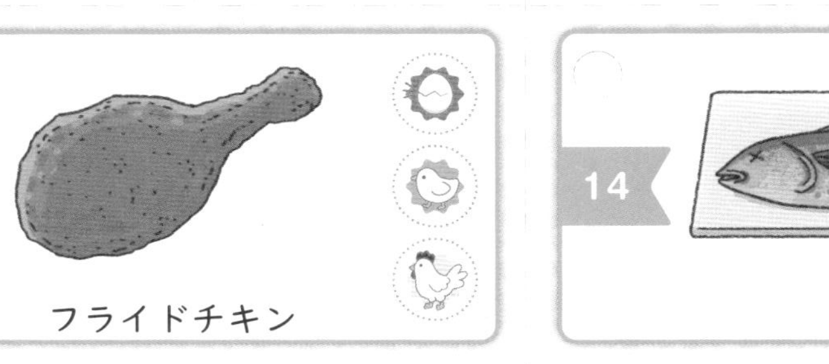

14 焼き魚

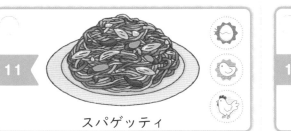

15 おにぎり

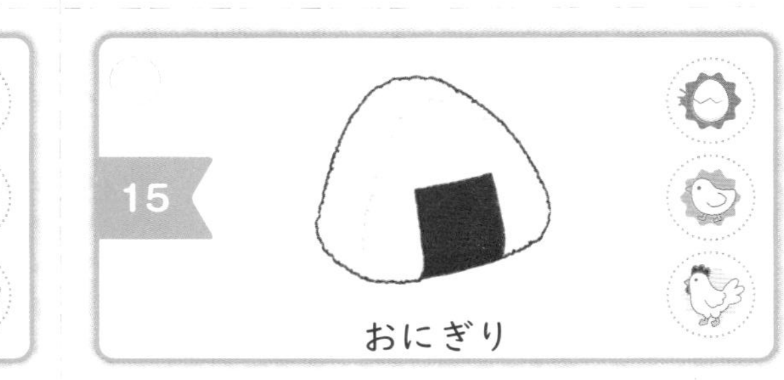

16 めん

英語音声 もくじ

英数字は音声ファイル（MP3）のファイル名です。

1～7…c01	29～38…c05
8～18…c02	39～49…c06
19～23…c03	50～59…c07
24～28…c04	60～64…c08
65～76…c09	118～131…c13
77～83…c10	132～149…c14
84～98…c11	150～156…c15
99～117…c12	

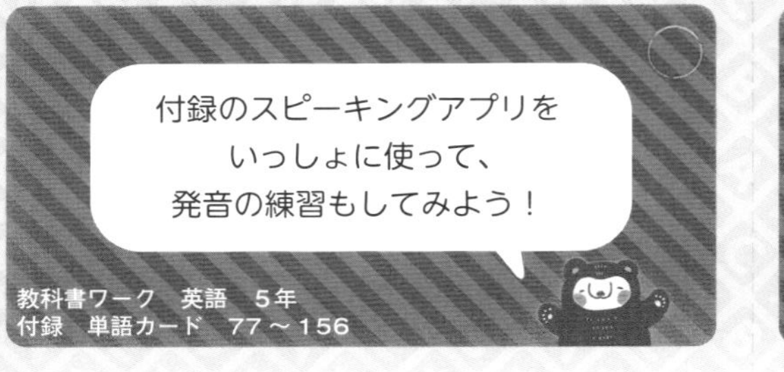

付録のスピーキングアプリを
いっしょに使って、
発音の練習もしてみよう！
教科書ワーク　英語　5年
付録　単語カード　77～156

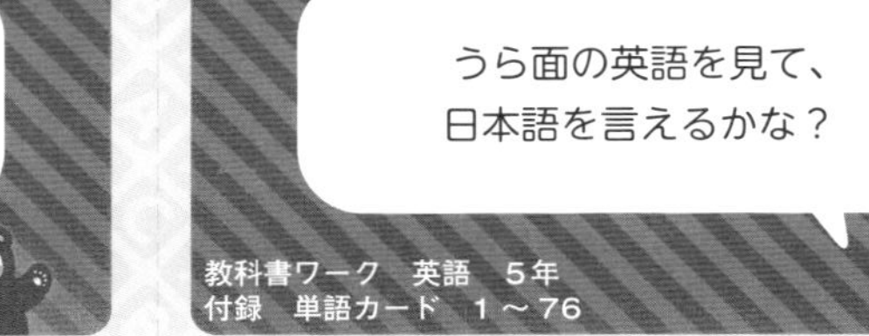

うら面の英語を見て、
日本語を言えるかな？
教科書ワーク　英語　5年
付録　単語カード　1～76

c01 **1** **family**

c01 **2** **father**

「両親」は parents と言うよ。

c01 **3** **mother**

c01 **4** **brother**

c01 **5** **sister**

c01 **6** **grandfather**

「祖父母」は grandparents と言うよ。

c01 **7** **grandmother**

c02 **8** **curry and rice**

c02 **9** **steak**

とくにビーフステーキのことを言うよ。

c02 **10** **hot dog**

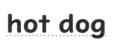

c02 **11** **spaghetti**

c02 **12** **French fries**

French は「フランスの」という意味だよ。

c02 **13** **fried chicken**

fried は「(油で) あげた」という意味だよ。

c02 **14** **grilled fish**

c02 **15** **rice ball**

c02 **16** **noodle**

ふつう noodles の形で使うよ。

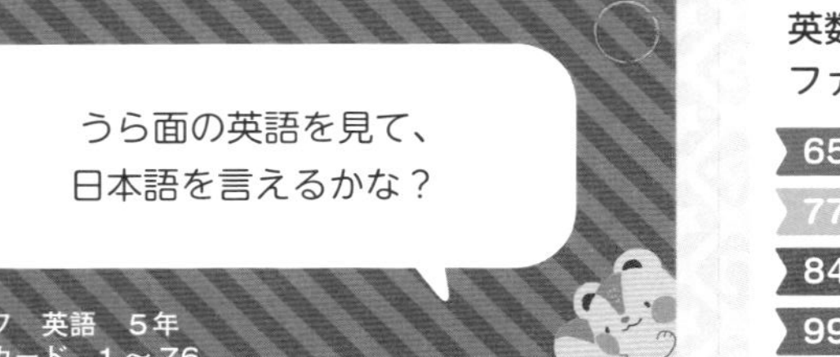
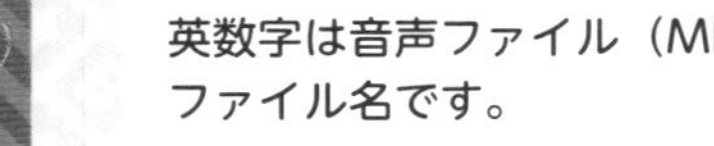

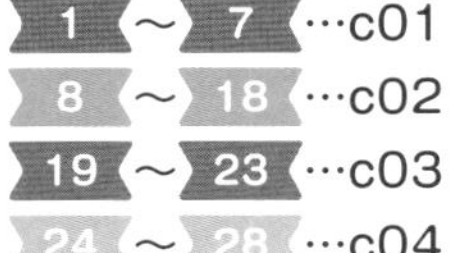
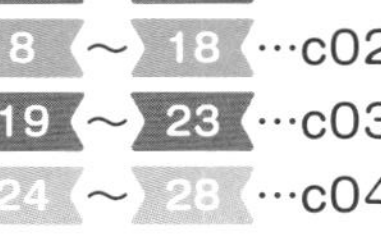

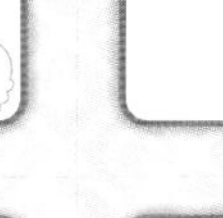

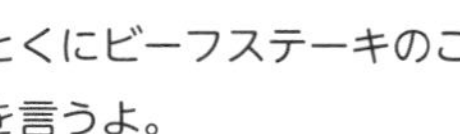

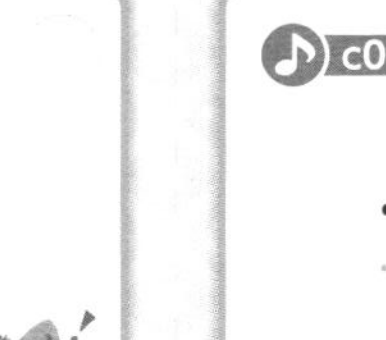

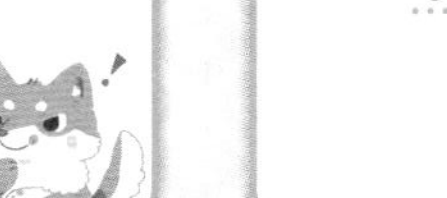

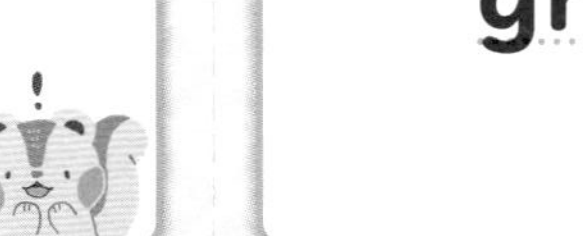

17
パフェ
18
ソーダ
19
ピアノ
20
リコーダー
21
ギター
22
バイオリン
23
太鼓
24
スポーツ
25
バレーボール
26
卓球
27
バドミントン
28
ドッジボール
29
かご
30
地図
31
筆箱
32
ボール
33
グローブ
34
いす
35
かけ時計、置き時計
36
カレンダー

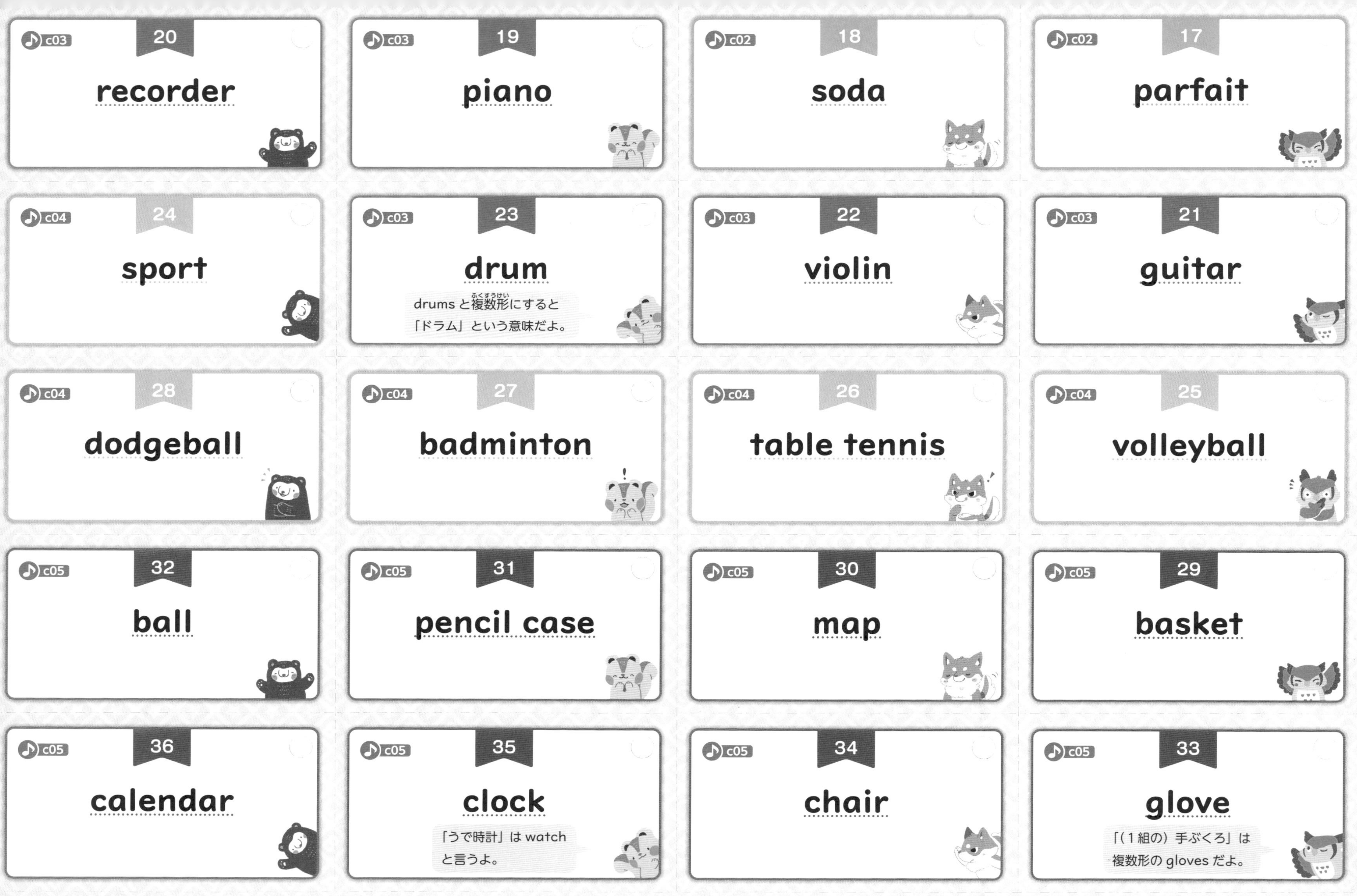
c02 17 parfait
c02 18 soda
c03 19 piano
c03 20 recorder
c03 21 guitar
c03 22 violin
c03 23 drum
drums と複数形にすると「ドラム」という意味だよ。
c04 24 sport
c04 25 volleyball
c04 26 table tennis
c04 27 badminton
c04 28 dodgeball
c05 29 basket
c05 30 map
c05 31 pencil case
c05 32 ball
c05 33 glove
「(1組の) 手ぶくろ」は複数形の gloves だよ。
c05 34 chair
c05 35 clock
「うで時計」は watch と言うよ。
c05 36 calendar

37
コンピューター
38
ソファー
39
教科
40
国語
41
$\frac{1}{2}+\frac{1}{3}=\frac{5}{6}$
算数
42
理科
43
社会科
44
英語
45
体育
46
音楽
47
図画工作
48
家庭科
49
書写
50
日
日曜日
51
月
月曜日
52
火
火曜日
53
水
水曜日
54
木
木曜日
55
金
金曜日
56
土
土曜日

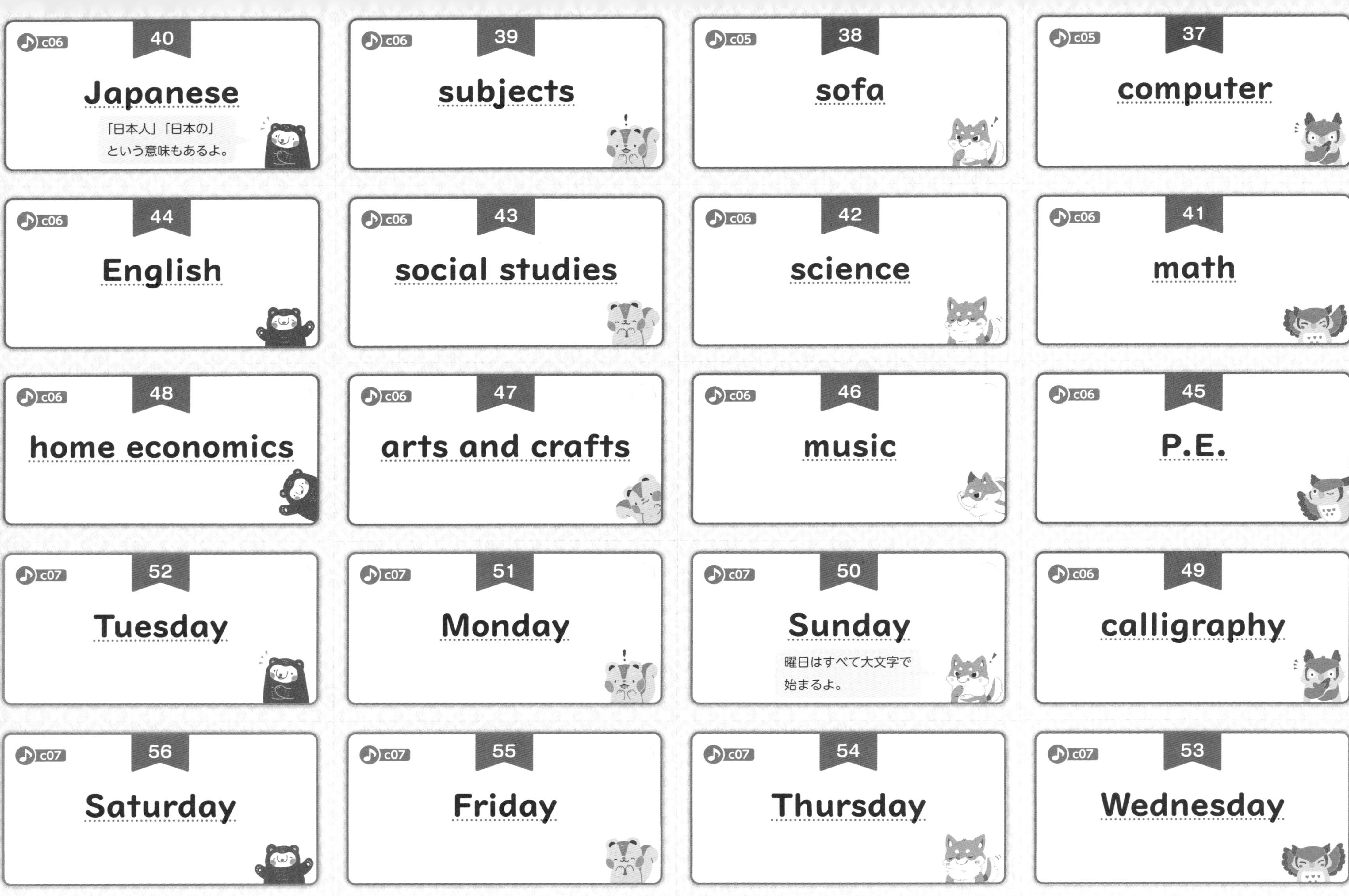

c06
40
Japanese
「日本人」「日本の」
という意味もあるよ。
c06
39
subjects
c05
38
sofa
c05
37
computer
c06
44
English
c06
43
social studies
c06
42
science
c06
41
math
c06
48
home economics
c06
47
arts and crafts
c06
46
music
c06
45
P.E.
c07
52
Tuesday
c07
51
Monday
c07
50
Sunday
曜日はすべて大文字で
始まるよ。
c06
49
calligraphy
c07
56
Saturday
c07
55
Friday
c07
54
Thursday
c07
53
Wednesday

57

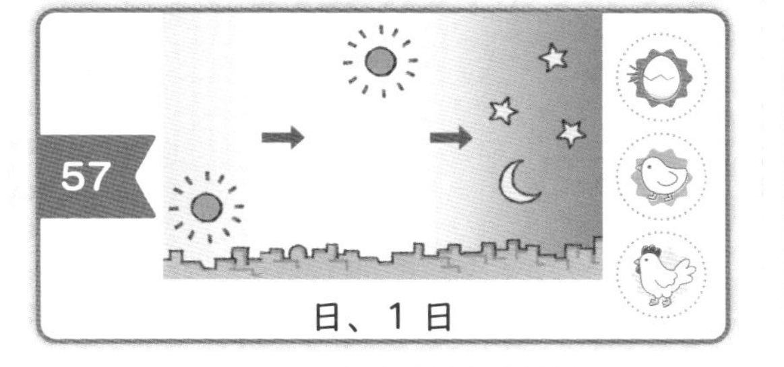

日、1日

58

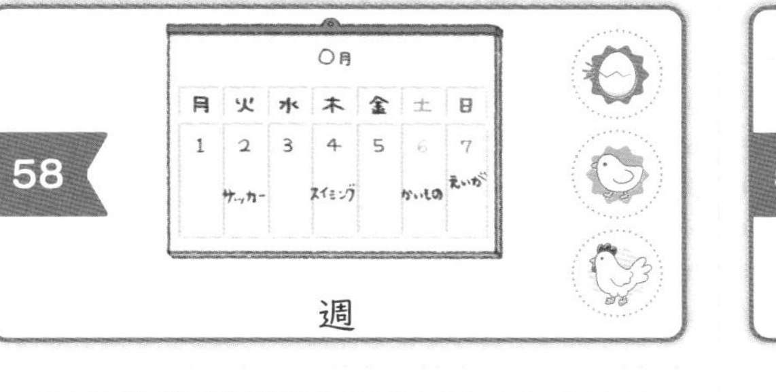

週

59

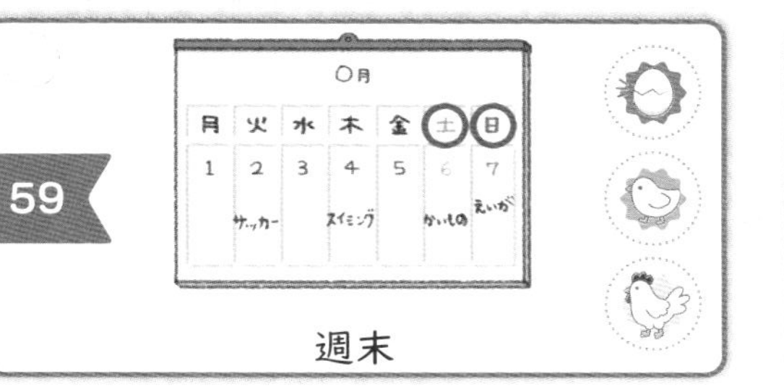

週末

60

季節

61

春

62

夏

63

秋

64

冬

65

1月

66

2月

67

3月

68

4月

69

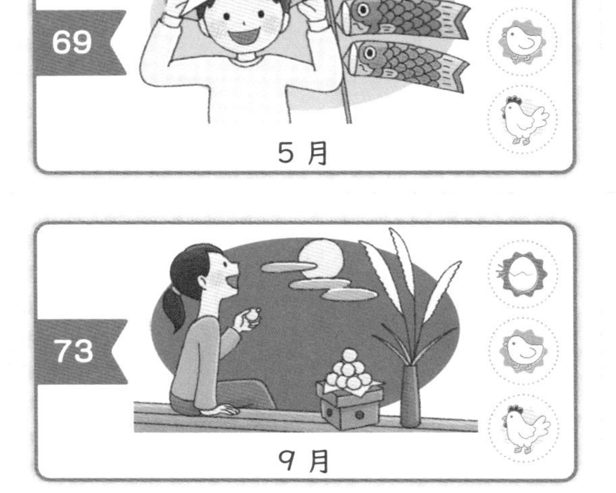

5月

70

6月

71

7月

72

8月

73

9月

74

10月

75

11月

76

12月

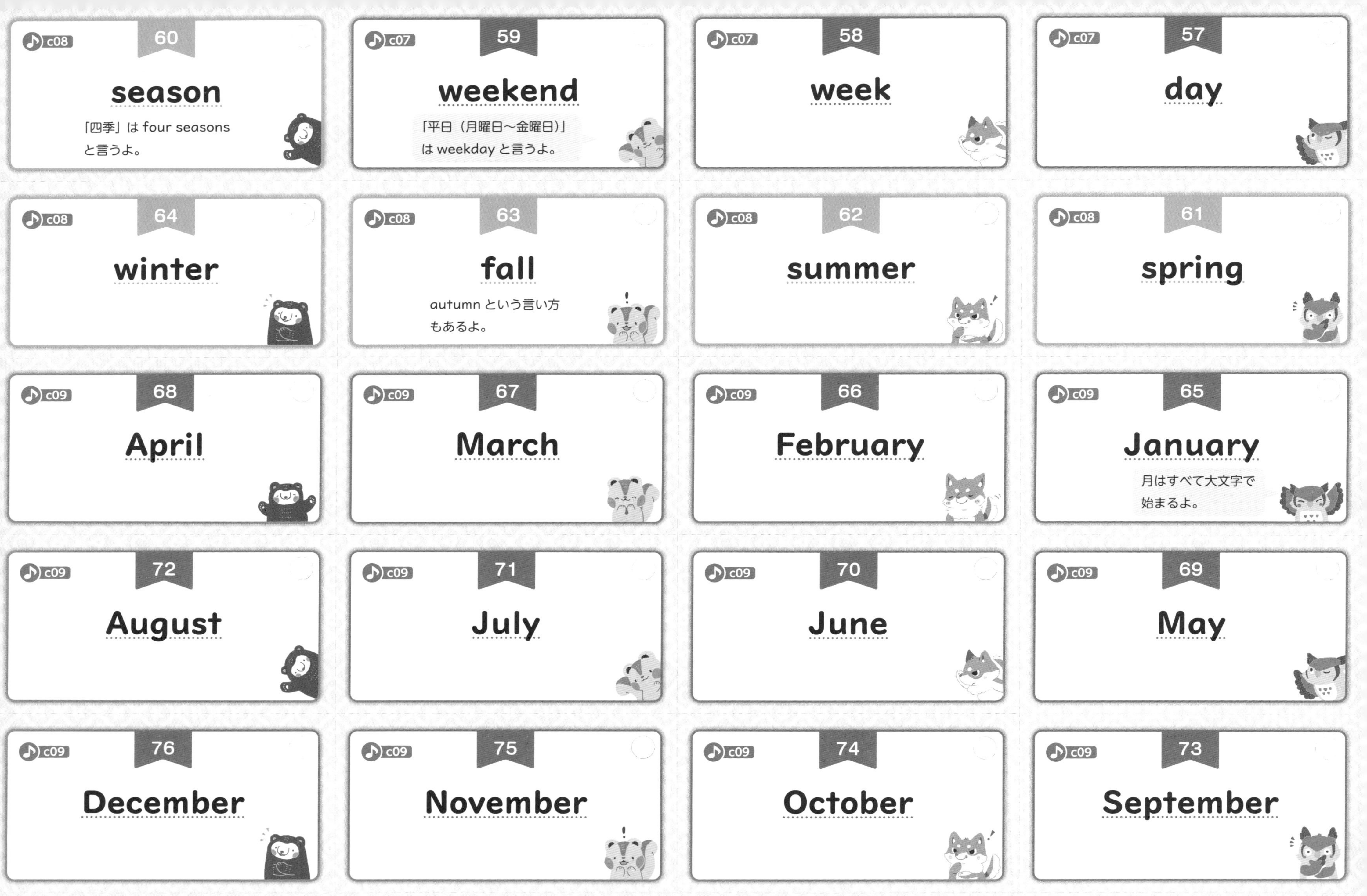

57
day
c07
58
week
c07
59
weekend
「平日（月曜日～金曜日）」
は weekday と言うよ。
c07
60
season
「四季」は four seasons
と言うよ。
c08
61
spring
c08
62
summer
c08
63
fall
autumn という言い方
もあるよ。
c08
64
winter
c08
65
January
月はすべて大文字で
始まるよ。
c09
66
February
c09
67
March
c09
68
April
c09
69
May
c09
70
June
c09
71
July
c09
72
August
c09
73
September
c09
74
October
c09
75
November
c09
76
December
c09

77
アメリカ
78
カナダ
79
中国
80
フランス
81
ドイツ
82
インド
83
日本
84
先生
85
生徒、学生
86
野球選手
87
医者
88
看護師(かんごし)
89
警察官(けいさつ)
90
消防士(しょうぼうし)
91
生花店の店員
92
パン焼き職人(しょくにん)
93
農場主
94
バスの運転手
95
パイロット
96
歌手

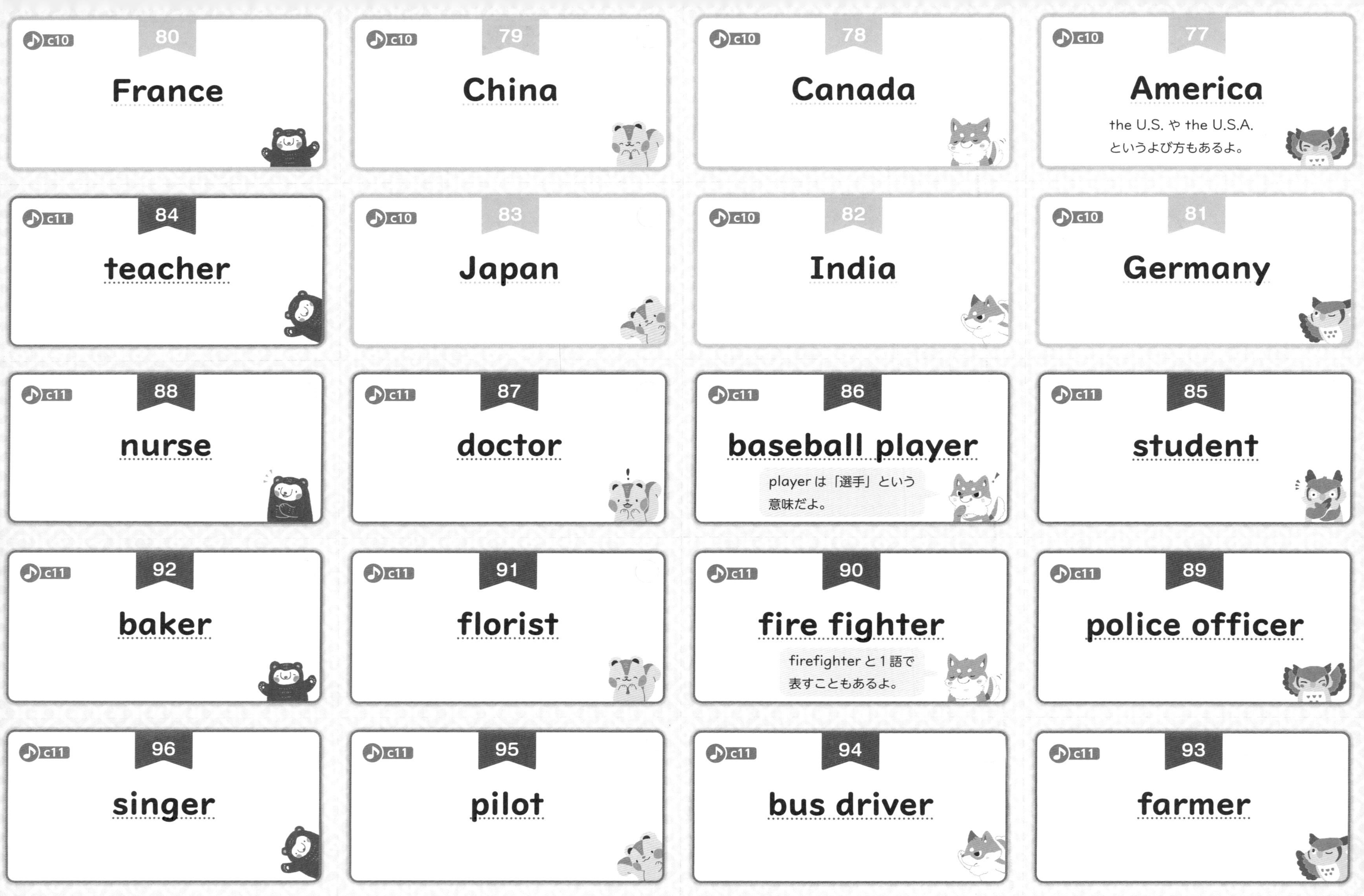

c10 77
America
the U.S. や the U.S.A.
というよび方もあるよ。
c10 78
Canada
c10 79
China
c10 80
France
c10 81
Germany
c10 82
India
c10 83
Japan
c11 84
teacher
c11 85
student
c11 86
baseball player
player は「選手」という
意味だよ。
c11 87
doctor
c11 88
nurse
c11 89
police officer
c11 90
fire fighter
firefighter と 1 語で
表すこともあるよ。
c11 91
florist
c11 92
baker
c11 93
farmer
c11 94
bus driver
c11 95
pilot
c11 96
singer

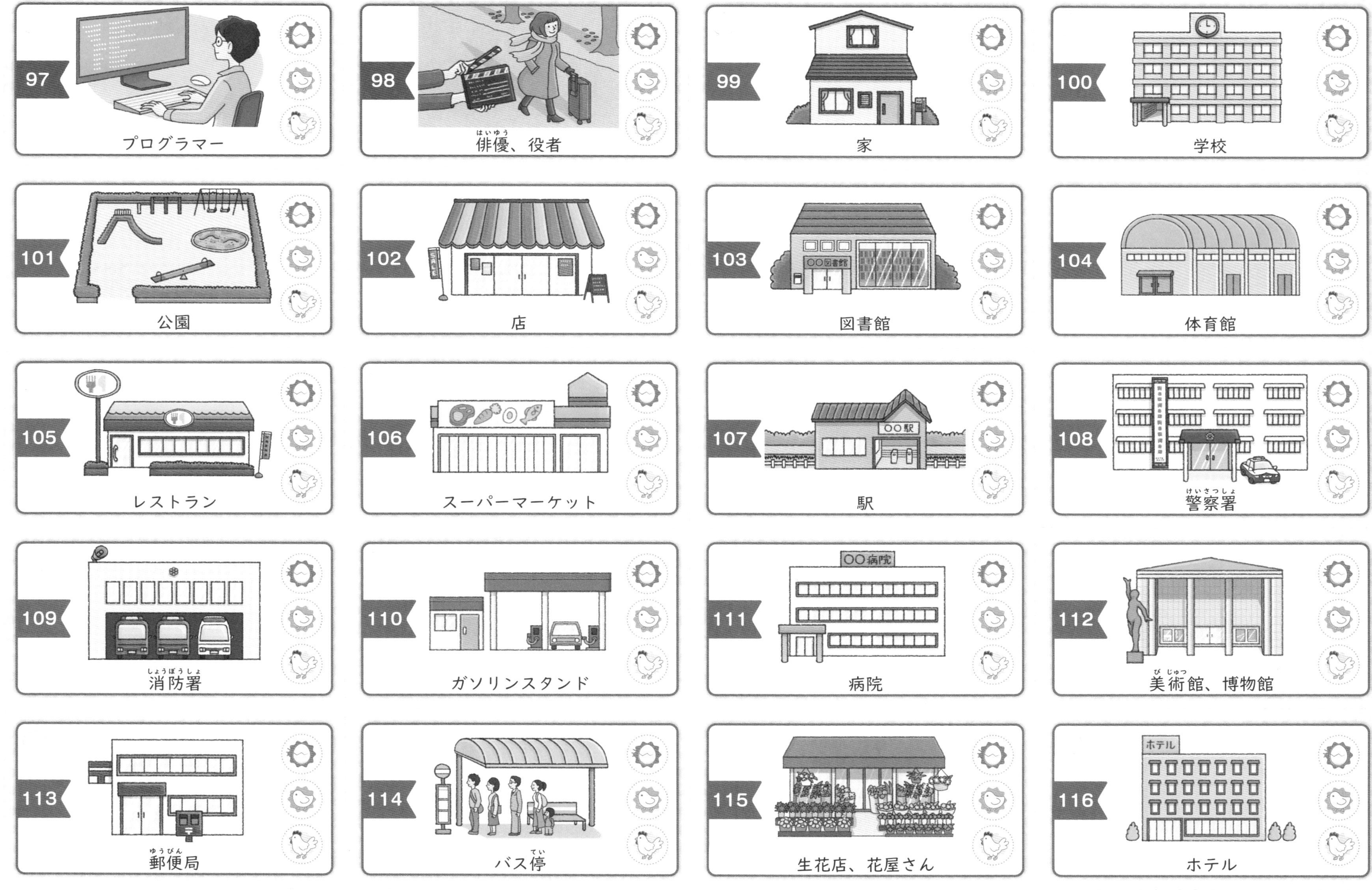
97
プログラマー
98
俳優、役者
99
家
100
学校
101
公園
102
店
103
図書館
104
体育館
105
レストラン
106
スーパーマーケット
107
駅
108
警察署
109
消防署
110
ガソリンスタンド
111
病院
112
美術館、博物館
113
郵便局
114
バス停
115
生花店、花屋さん
116
ホテル

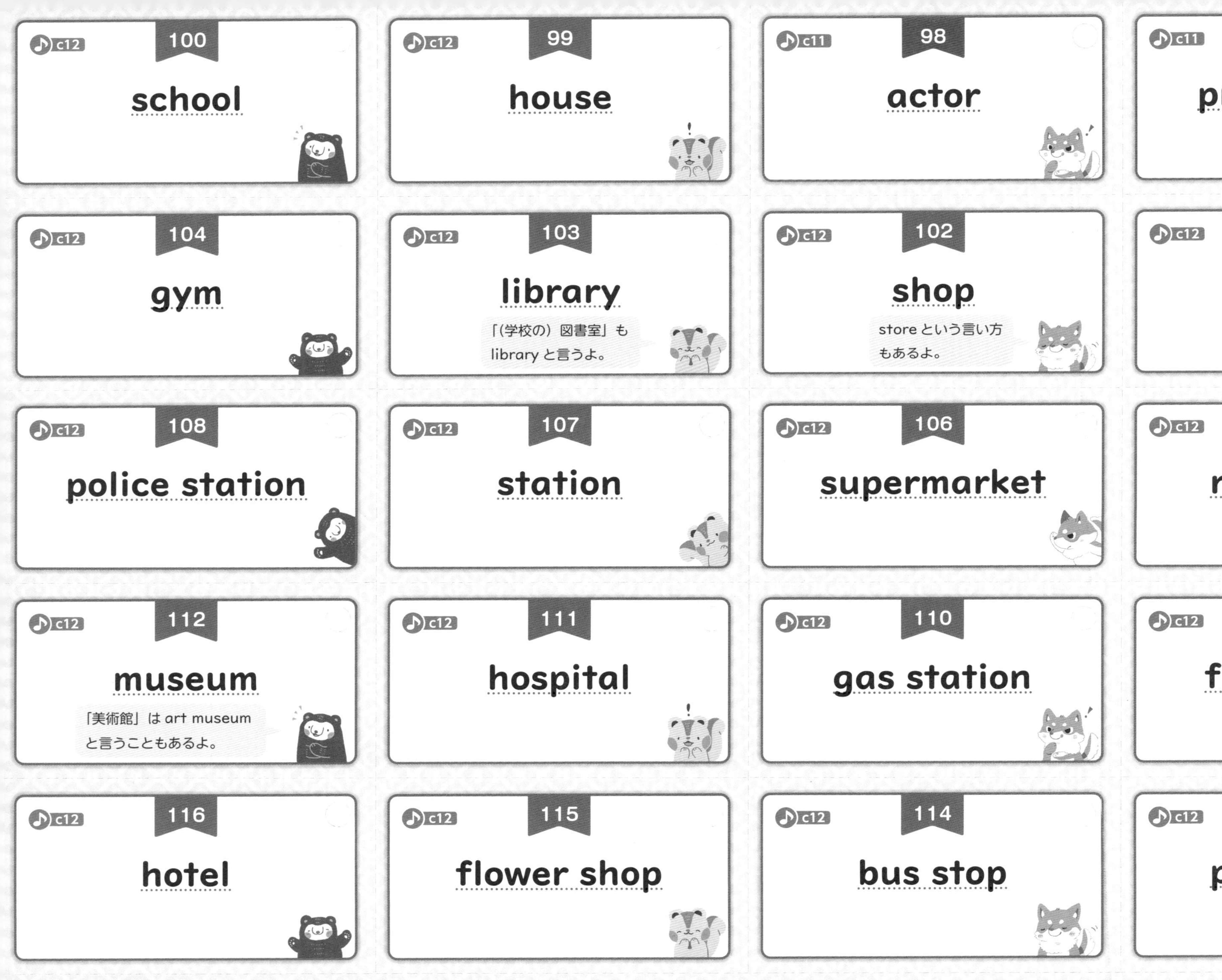

c12
100
school
c12
99
house
c11
98
actor
c11
97
programmer
c12
104
gym
c12
103
library
「(学校の) 図書室」も
library と言うよ。
c12
102
shop
store という言い方
もあるよ。
c12
101
park
c12
108
police station
c12
107
station
c12
106
supermarket
c12
105
restaurant
c12
112
museum
「美術館」は art museum
と言うこともあるよ。
c12
111
hospital
c12
110
gas station
c12
109
fire station
c12
116
hotel
c12
115
flower shop
c12
114
bus stop
c12
113
post office

117
農場
118
大きい
119
小さい
120
長い
121
短い
122
新しい
123
古い
124
親切な
125
かっこいい
126
有名な
127
強い
128
活動的な
129
利口な
130
かわいい
131
友好的な
132
(スポーツなどを)する、演奏する
133
ある、持っている
134
好きである
135
ほしい
136
食べる

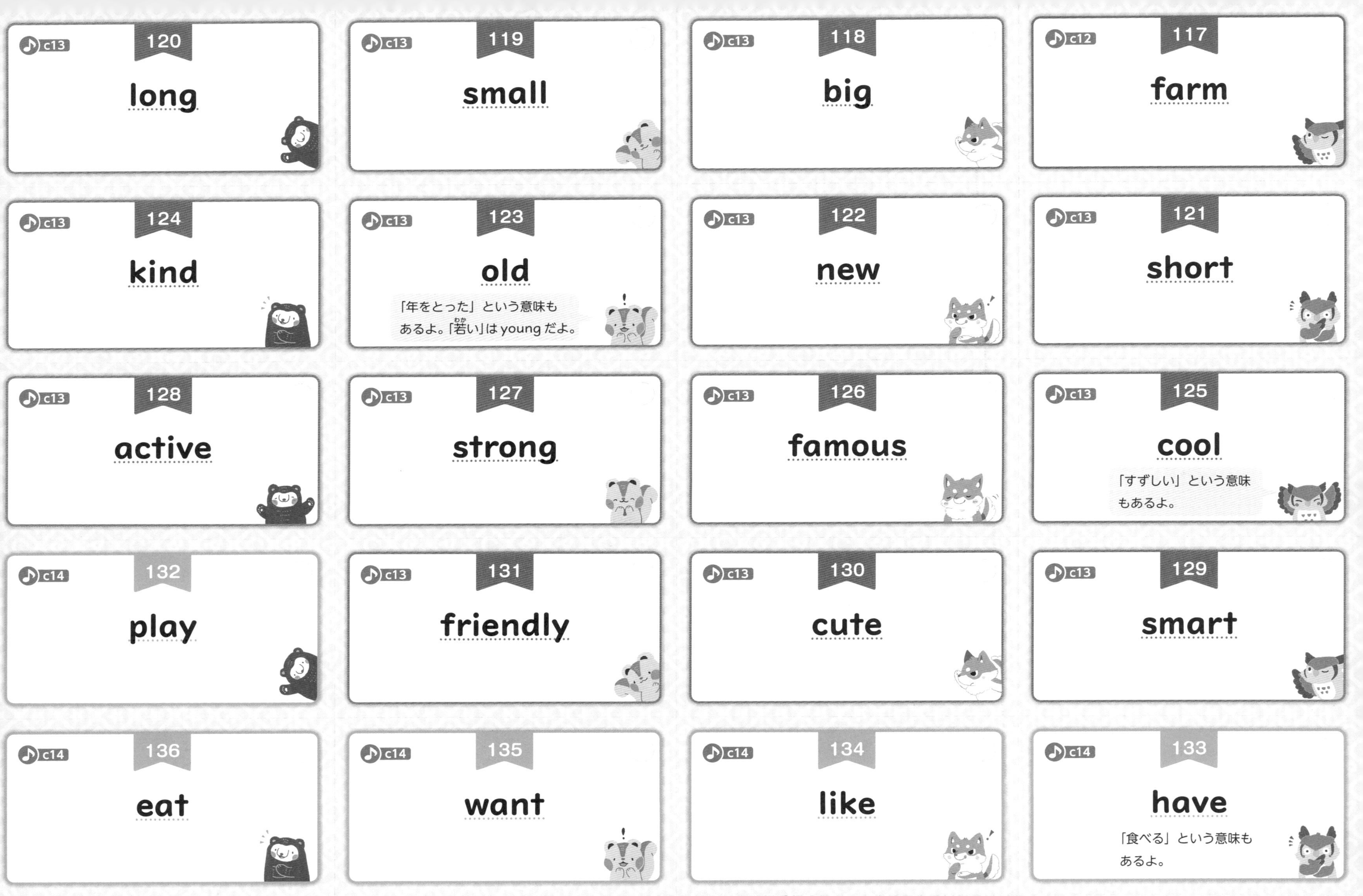

c12 117 farm
c13 118 big
c13 119 small
c13 120 long
c13 121 short
c13 122 new
c13 123 old
「年をとった」という意味もあるよ。「若い」はyoungだよ。
c13 124 kind
c13 125 cool
「すずしい」という意味もあるよ。
c13 126 famous
c13 127 strong
c13 128 active
c13 129 smart
c13 130 cute
c13 131 friendly
c14 132 play
c14 133 have
「食べる」という意味もあるよ。
c14 134 like
c14 135 want
c14 136 eat

137 歩く
138 走る
139 跳ぶ
140 話す
141 見る、見える
142 歌う
143 踊る
144 料理をする
145 SALE 買う
146 手伝う
147 スキーをする
148 スケートをする
149 飛ぶ
150 起きる
151 学校へ行く
152 家へ帰る
153 宿題をする
154 テレビを見る
155 風呂に入る
156 ねる

c14
140
speak
speak English で
「英語を話す」だよ。
c14
139
jump
c14
138
run
c14
137
walk
c14
144
cook
「料理人」という意味も
あるよ。
c14
143
dance
c14
142
sing
c14
141
see
c14
148
skate
c14
147
ski
c14
146
help
c14
145
buy
c15
152
go home
c15
151
go to school
c15
150
get up
c14
149
fly
c15
156
go to bed
c15
155
take a bath
c15
154
watch TV
c15
153
do my homework

動画で復習&アプリで練習! 重要表現まるっと整理

この本のくわしい使い方

小学教科書ワークでは **教科書内容の学習**・**重要単語の練習**・**重要表現のまとめ** の3つの柱で小学校で習う英語を楽しくていねいに学習できます。ここではそれぞれの学習の流れを紹介します。

教科書内容の学習

1 基本のワーク

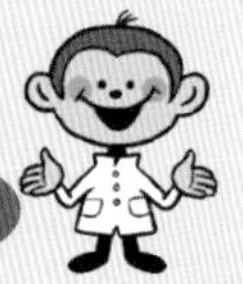

Alec先生

QRコードを読み取ると音声が流れるよ！
リズムにあわせて楽しく練習！

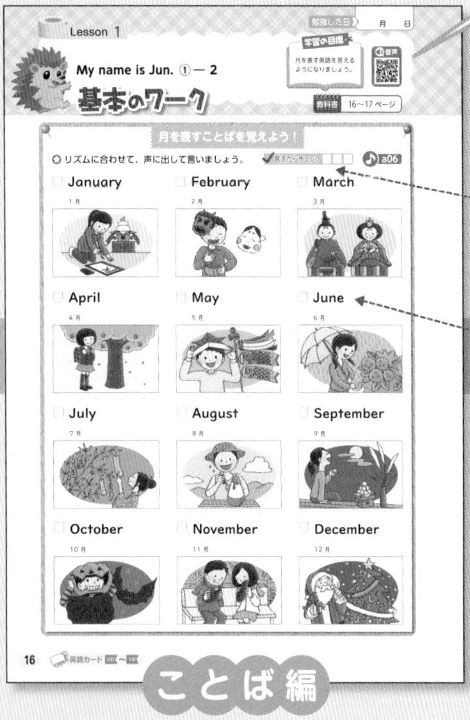

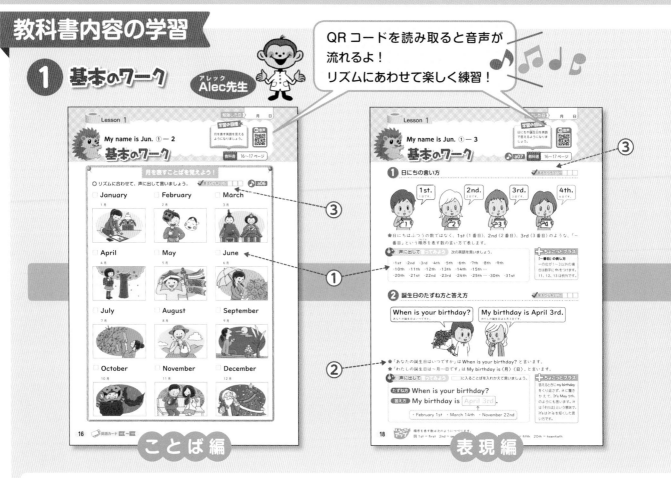

Lesson 1
My name is Jun. ①－2
基本のワーク
月を表すことばを覚えよう！
リズムに合わせて、声に出して言いましょう。
January　February　March
April　May　June
July　August　September
October　November　December
16

ことば編

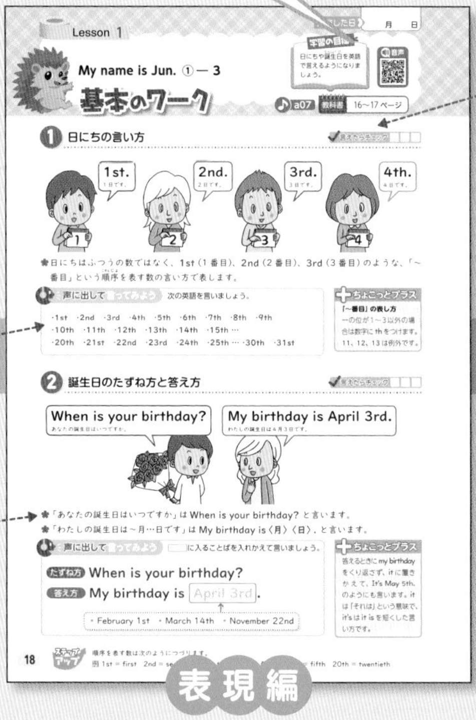

Lesson 1
My name is Jun. ①－3
基本のワーク
1 日にちの言い方
1st.　2nd.　3rd.　4th.
2 誕生日のたずね方と答え方
When is your birthday?
My birthday is April 3rd.
たずね方 When is your birthday?
答え方 My birthday is April 3rd.
・February 1st　・March 14th　・November 22nd
18

表現編

①新しく習う英語を音声に続いて大きな声で言おう。

- ことば編 では、その単元で学習する単語をリズムにあわせて音読するよ。
- 表現編 では、最初にふきだしの英語の音声を聞いて、その単元で学習する表現を確認するよ。
  次に「声に出して言ってみよう！」で□のことばにいれかえてリズムにあわせて音読するよ。

②新しく習う表現についての説明を読もう。

③声に出して言えたら、□にチェックをつけよう。

重要単語の練習

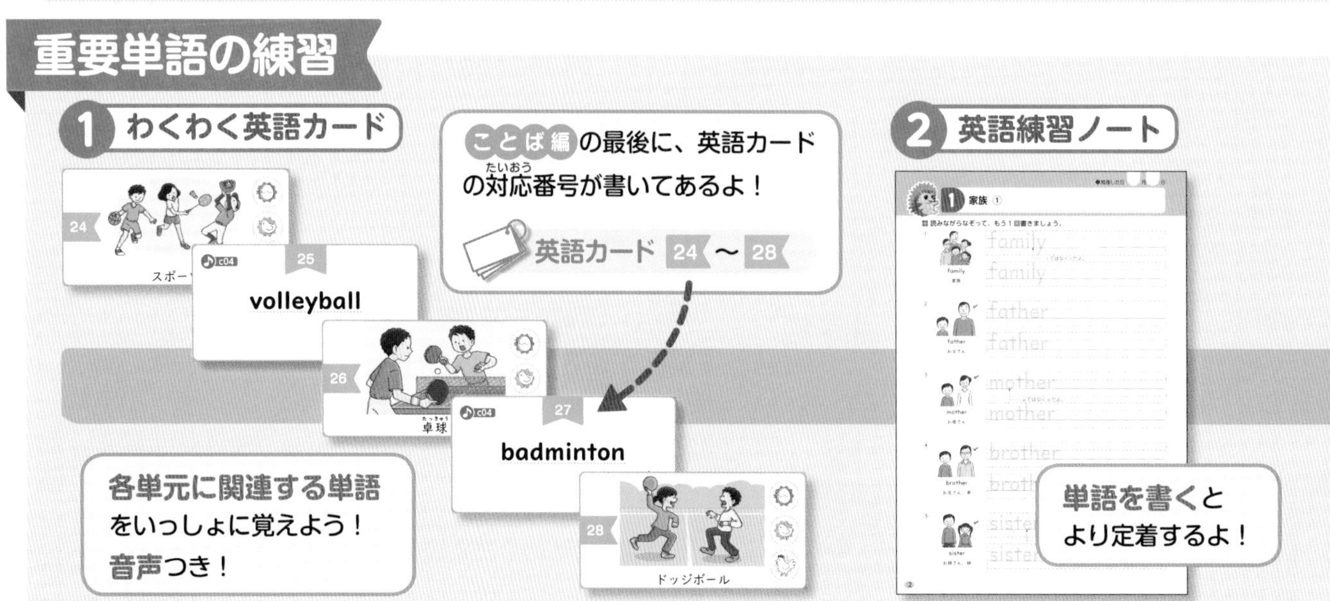

1 わくわく英語カード
ことば編 の最後に、英語カードの対応番号が書いてあるよ！
英語カード 24～28
volleyball
卓球
badminton
ドッジボール
各単元に関連する単語をいっしょに覚えよう！音声つき！
2 英語練習ノート
家族
family
father
mother
brother
sister
単語を書くとより定着するよ！

※QRコードは(株)デンソーウェーブの登録商標です。

英語音声の再生方法は
5ページを見よう！
Ryo

2 書いて練習のワーク

3 聞いて練習のワーク

QRコードから問題の音声が聞けるよ。

4 まとめのテスト

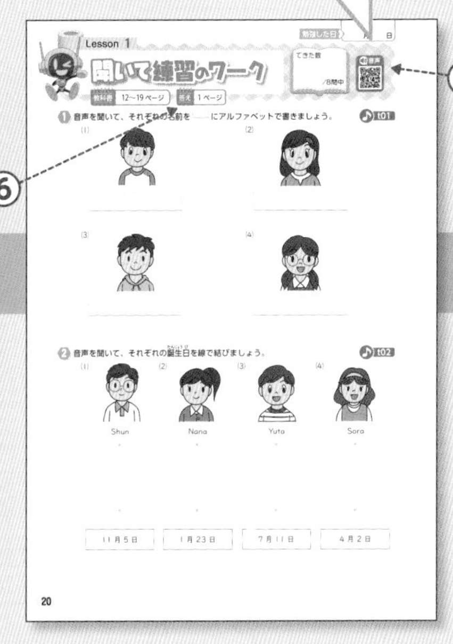

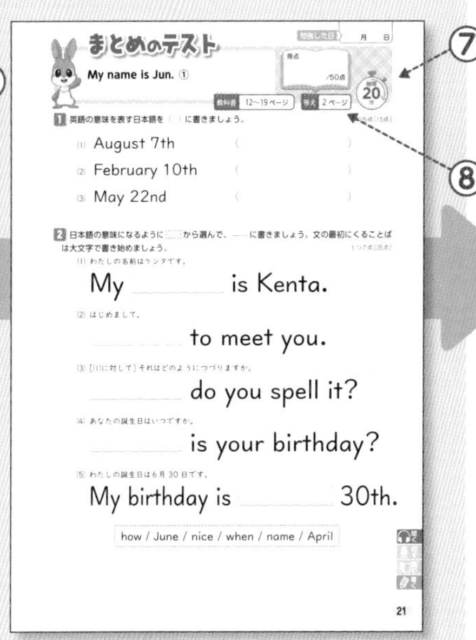

④新しく習ったことばや表現を書いて練習しよう。声に出して言いながら書くと効果的だよ。
⑤音声を聞いて問題に答えよう。聞きとれなかったら、もう一度聞いてもOK。
⑥解答集を見て答え合わせをしよう。読まれた音声も確認！
⑦確認問題にチャレンジ！問題をよく読もう。時間を計ってね。
⑧解答集を見て答え合わせをしよう。

3 単語リレー(実力判定テスト)やはつおん上達アプリおん達でアウトプット！

単語リレーで単語のテストができるよ！

おん達ではつおん練習ができるよ！

おん達の使い方・アクセスコードは4ページを見よう！

重要表現のまとめ

動画で復習&アプリで練習!
重要表現まるっと整理

QR コードを読み取ると
わくわく動画が見られるよ！

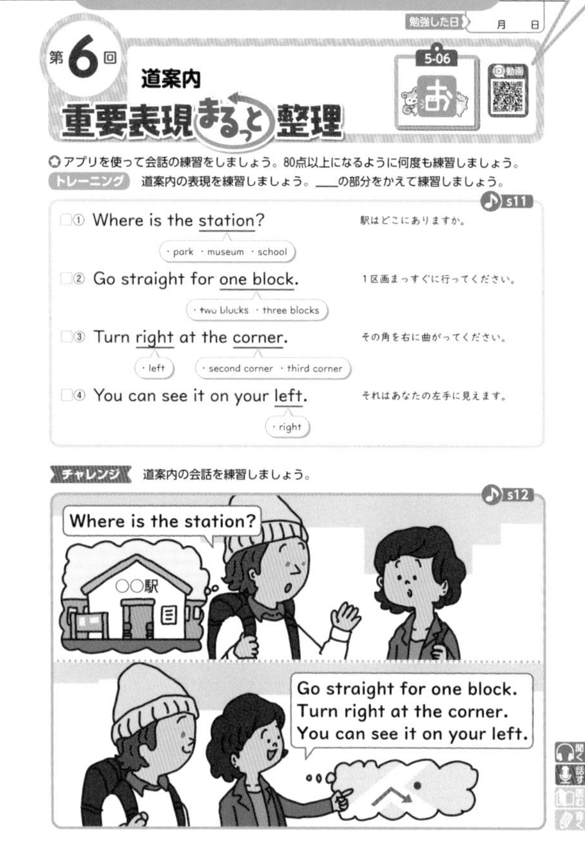
勉強した日　月　日

第6回 道案内
重要表現まるっと整理

5-06

○アプリを使って会話の練習をしましょう。80点以上になるように何度も練習しましょう。

トレーニング　道案内の表現を練習しましょう。___の部分をかえて練習しましょう。

s11

□① Where is the station?　駅はどこにありますか。
・park ・museum ・school

□② Go straight for one block.　1区画まっすぐに行ってください。
・two blocks ・three blocks

□③ Turn right at the corner.　その角を右に曲がってください。
・left　・second corner ・third corner

□④ You can see it on your left.　それはあなたの左手に見えます。
・right

チャレンジ　道案内の会話を練習しましょう。

s12

127

わくわく動画

リズムにあわせて表現の復習！

自己表現の練習も！

発音上達アプリ**おん達**
にも対応しているよ。

「重要表現まるっと整理」は
121ページからはじまるよ。

Adra

最後にまとめとして使って
も良いし、日ごろの学習に
プラスしても良いね！

アプリ・音声について

この本のふろくのすべてのアクセスコードは **ENJR3F8a** です。

★文理のはつおん上達アプリ　おん達

- 「重要表現まるっと整理」と「わくわく英語カード」の発話練習ができます。
- お手本の音声を聞いて、自分の発音をふきこむとAIが点数をつけます。
- 何度も練習し、高得点を目ざしましょう。
- 右のQRコードからダウンロードページへアクセスし、
  上記のアクセスコードを入力してください。
- アクセスコード入力時から15か月間ご利用になれます。
- 【推奨環境】スマートフォン、タブレット等(iOS11以上、Android8.0以上)

※音声配信サービスおよび「おん達」は無料ですが、別途各通信会社の通信料がかかります。
※お客様のネット環境および端末によりご利用いただけない場合がございます。ご理解、ご了承いただきますよう、お願いいたします。

実力判定テスト

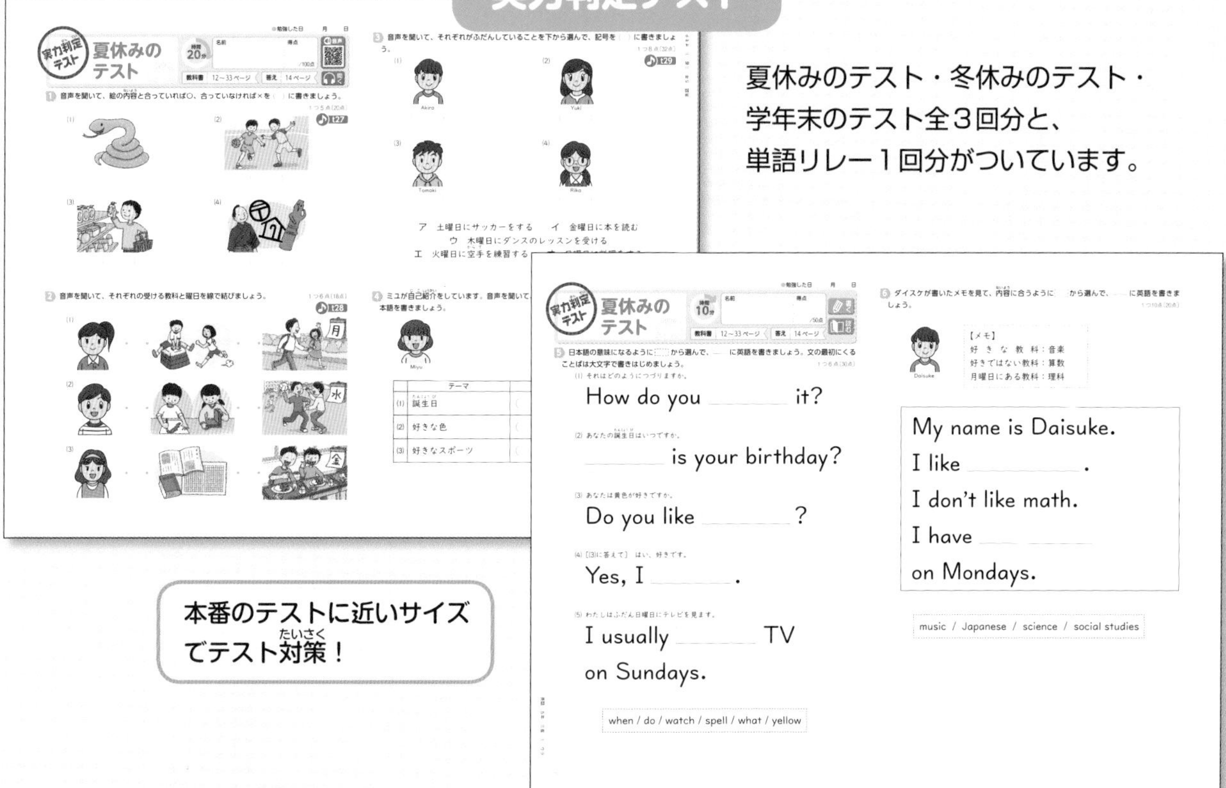

夏休みのテスト・冬休みのテスト・
学年末のテスト全３回分と、
単語リレー１回分がついています。

本番のテストに近いサイズでテスト対策！

CBT(Computer Based Testing)

◆CBTの使い方

❶BUNRI-CBT(https://b-cbt.bunri.jp)にPC・タブレットでアクセス。

❷ログインして、4ページのアクセスコードを入力。

WEB上のテストにちょうせん。
成績表で苦手チェック！

★英語音声の再生方法

●英語音声があるものには ♪a01 がついています。音声は以下の3つの方法で再生することができます。

①QRコードを読み取る：
各単元の冒頭についている音声QRコードを読み取ってください。

②音声配信サービスonhaiから再生する：
WEBサイト https://listening.bunri.co.jp/へアクセスしてください。

③音声をダウンロードする：
文理ホームページよりダウンロードも可能です。
URL　https://portal.bunri.jp/b-desk/enjr3f8a.html

②・③では4ページのアクセスコードを入力してください。

※本体、ふろくの国旗イラストのたてと横の比率は、国際連合で使用している２:３になっています。

アルファベット 大文字

A B C D E

F G H I J

K L M N

O P Q R

S T U V W

X Y Z

小文字

リズムに合わせて、声に出して言いましょう。 言えたらチェック

音声 a01

a b c d e

f g h i j

k l m n

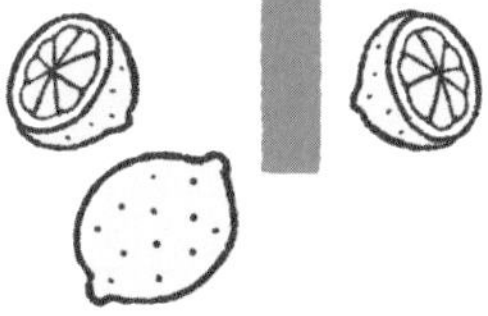

o p q r

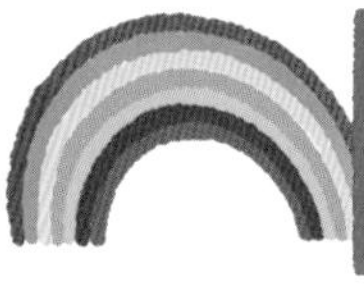

s t u v w

x y z

アルファベットを書こう

✪ 読みながらなぞって、もう１回書きましょう。

※書き順は一つの例です。

大文字

●…書き出し

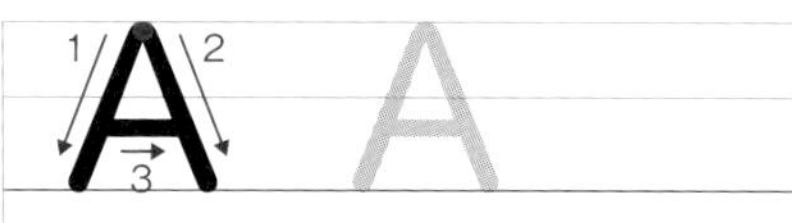

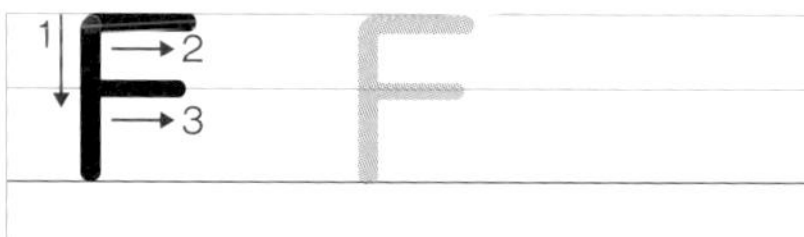

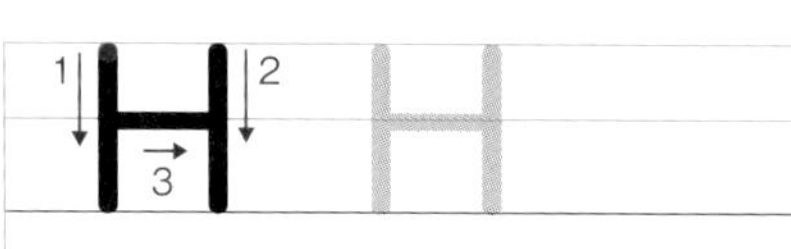
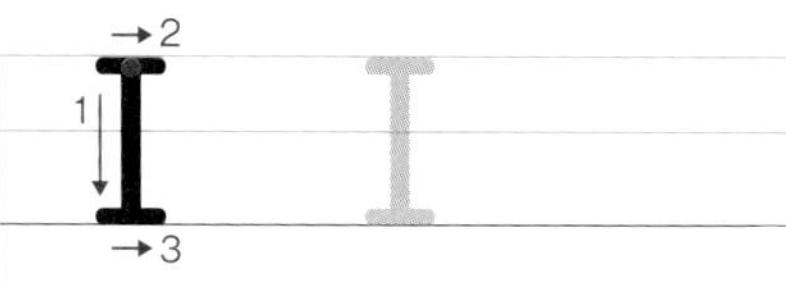
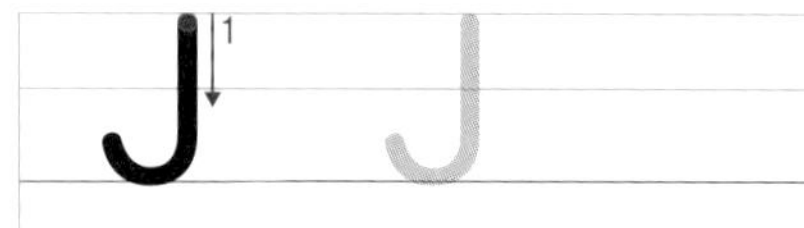

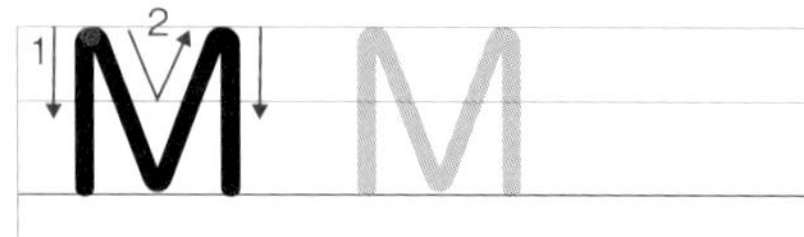

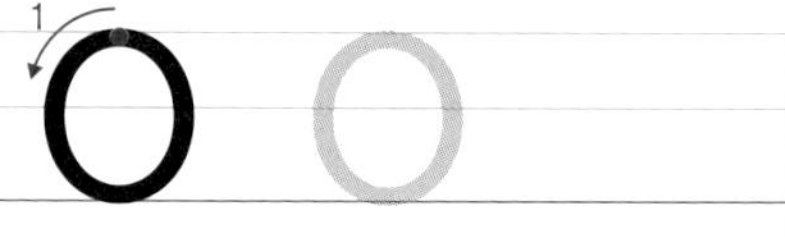

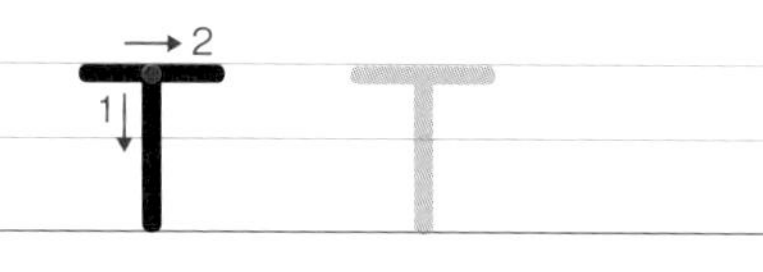
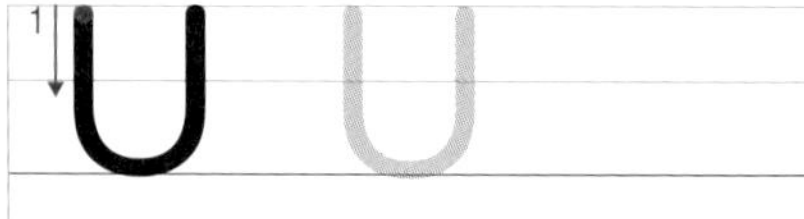
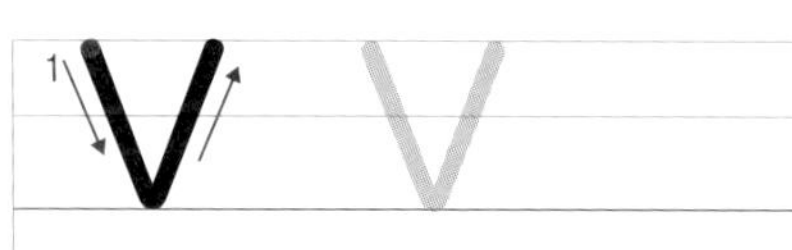

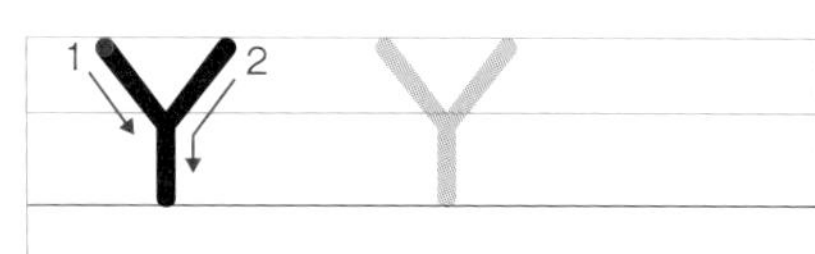

小文字

a a

b b

c c

d d

e e

f f

g g

h h

i i

j j

k k

m m

n n

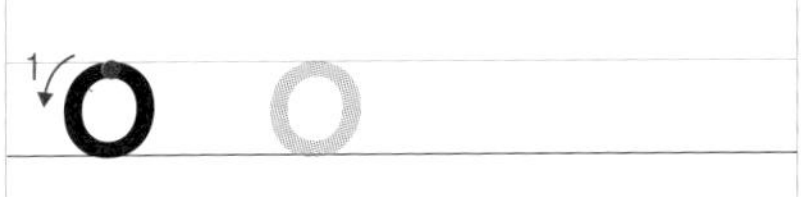

p p

q q

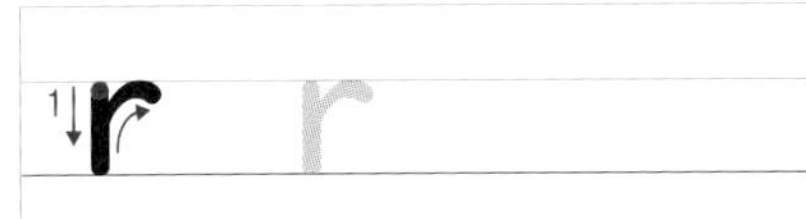

s s

t t

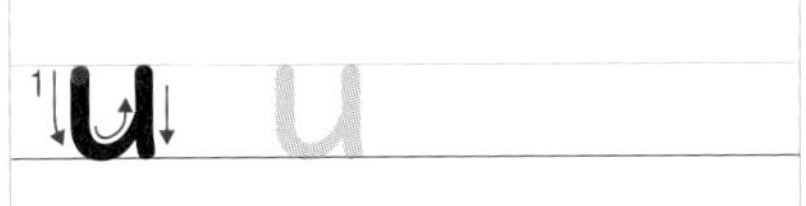

v v

w w

y y

z z

月　　日

英語で言ってみよう

基本のワーク

学習の目標
4年生までに学習したことばをふりかえりましょう。

6～9ページ

 1 衣類・道具・身の回りのもの・食べ物など

✪ 音声を聞いて、言いましょう。

clothes

 **shirt** シャツ

 **T-shirt** Tシャツ

 **sweater** セーター

 **skirt** スカート

 **pants** ズボン

 **hat** ［ふちのある］ぼうし

道具・身の回りのもの

 **racket** ラケット

 **bat** バット

 **ball** ボール

 **computer** コンピューター

 **watch** 腕時計

 **pencil** えんぴつ

food

 **hamburger** ハンバーガー

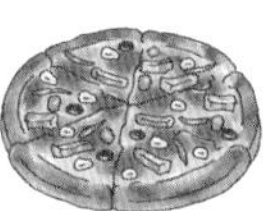 **pizza** ピザ

 **spaghetti** スパゲッティー

 **rice ball** おにぎり

 **cake** ケーキ

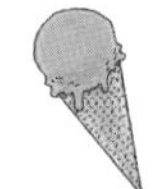 **ice cream** アイスクリーム

fruits and vegetables

 **apple** リンゴ

 **grapes** ブドウ

 **banana** バナナ

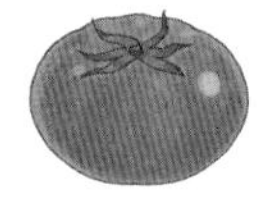 **tomato** トマト

 **carrot** ニンジン

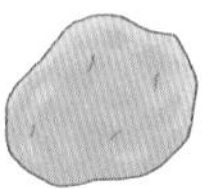 **potato** ジャガイモ

- [ ] strawberry イチゴ
- [ ] cherry サクランボ
- [ ] peach モモ
- [ ] pineapple パイナップル
- [ ] lemon レモン
- [ ] melon メロン
- [ ] watermelon スイカ
- [ ] onion タマネギ
- [ ] cucumber キュウリ
- [ ] lettuce レタス

2 形・色・天気・気持ち・曜日

言えたらチェック □□□　a03

音声を聞いて、言いましょう。

形・色　shapes and colors

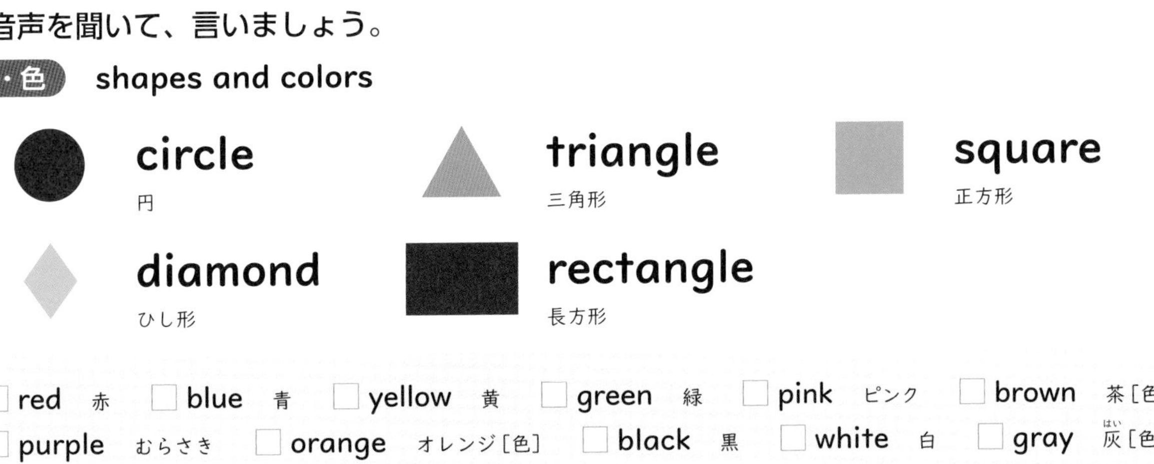

circle　円

triangle　三角形

square　正方形

diamond　ひし形

rectangle　長方形

□ red　赤　□ blue　青　□ yellow　黄　□ green　緑　□ pink　ピンク　□ brown　茶[色]

□ purple　むらさき　□ orange　オレンジ[色]　□ black　黒　□ white　白　□ gray　灰(はい)[色]

天気　weather

sunny　晴れている

cloudy　くもっている

rainy　雨がふっている

snowy　雪がふっている

気持ち

happy　幸せな

sad　悲しい

hungry　おなかがすいた

sleepy　ねむい

tired　つかれた

曜日　days

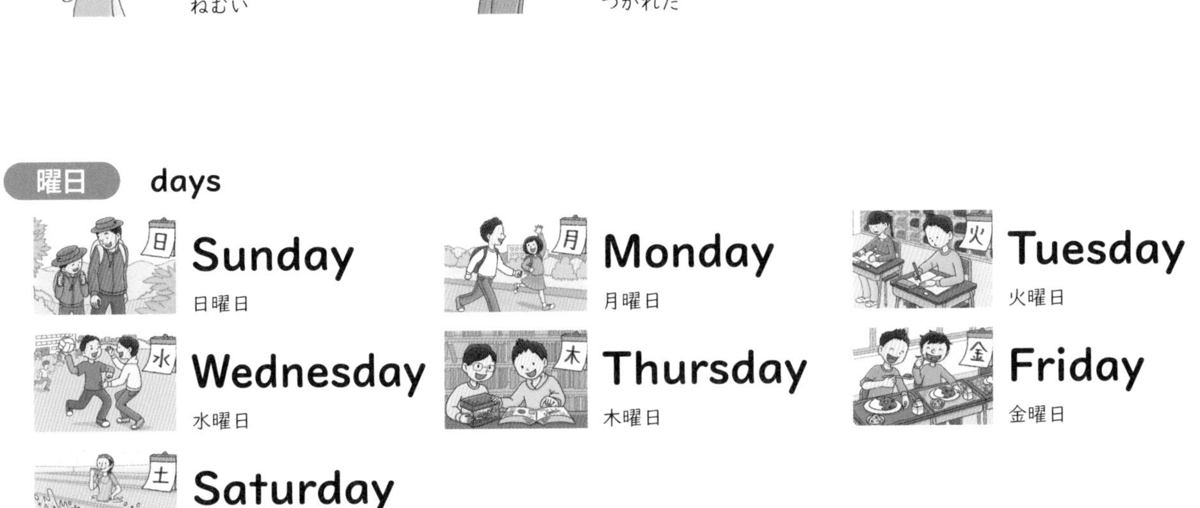

Sunday　日曜日

Monday　月曜日

Tuesday　火曜日

Wednesday　水曜日

Thursday　木曜日

Friday　金曜日

Saturday　土曜日

聞く　話す　読む　書く

教室で使う英語

基本のワーク

学習の目標
英語の授業で使う表現を学習しましょう。

音声

✪ 音声を聞いて、言いましょう。　言えたらチェック　a04

❀活動を始める

Are you ready? — Yes.　準備はいいですか。 — はい。

❀移動する

Come here.　ここに来てください。

Go back to your seat.　席にもどってください。

❀ペアやグループをつくる

Make pairs.　ペアをつくってください。

Make groups of four.　４人グループをつくってください。

❀順番を伝える

It's your turn.　あなたの番です。

❀質問する

I have a question.　質問があります。

❀活動を終える

Time's up. / Stop.　終わりの時間です。 / 止めてください。

✪ 次のような表現もあります。

- ☐ Are you finished? — Yes. / Not yet.　終わりましたか。 — はい。 / まだです。
- ☐ A pencil, please. — Here you are.　えんぴつをください。 — はい、どうぞ。
- ☐ I'm sorry. — It's OK.　ごめんなさい。 — だいじょうぶですよ。
- ☐ A hint, please.　ヒントをください。
- ☐ How about you?　あなたはどうですか。

書いて練習のワーク

✪読みながらなぞって、もう１回書きましょう。

Are you ready?

準備はいいですか。

Yes.

はい。

Come here.

ここに来てください。

Make pairs.

ペアをつくってください。

It's your turn.

あなたの番です。

I have a question.

質問があります。

Time's up.

終わりの時間です。

勉強した日 月 日

My name is Jun. ① — 1

基本のワーク

学習の目標
英語で名前を伝えたり相手の名前のつづりをたずねたりできるようになりましょう。

音声

a05

教科書 12〜15ページ

1 自分の名前の伝え方

言えたらチェック

My name is Lisa.
Nice to meet you.
わたしの名前はリサです。はじめまして。

- 「わたしの名前は～です」は My name is ～. と言います。
- 「はじめまして」は Nice to meet you. と言います。相手から言われたときは Nice to meet you, too.「こちらこそ、はじめまして」と言います。

声に出して言ってみよう □に入ることばを入れかえて言いましょう。

My name is Lisa.

- Takumi
- Yuki
- Kenta

表現べんり帳
相手に名前を聞くときは What is your name? [ワット イズ ユア ネイム]「あなたの名前は何ですか」と言います。

2 相手の名前のつづりのたずね方と答え方

言えたらチェック

How do you spell it?
それはどのようにつづりますか。
LISA

L-I-S-A, Lisa.
L、I、S、A、リサです。

- 英単語の文字（アルファベット）のならびのことをつづりと言います。
- 「それはどのようにつづりますか」は How do you spell it? と言います。
- 自分の名前のつづりを答えるときは L-I-S-A のように、アルファベットを１文字ずつに区切って言い、最後に自分の名前を言います。

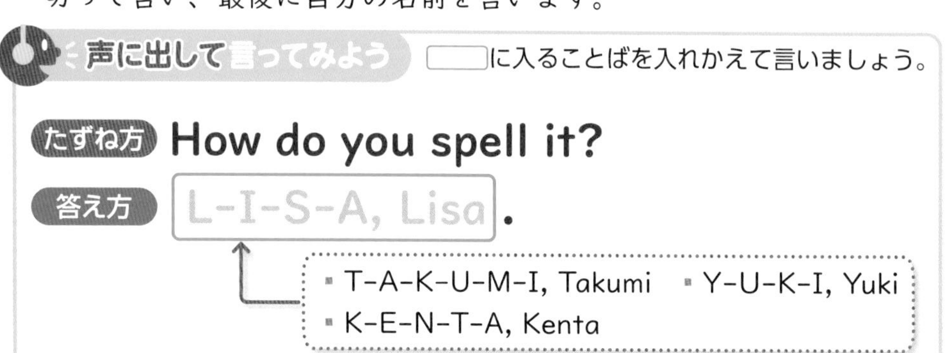

声に出して言ってみよう □に入ることばを入れかえて言いましょう。

たずね方 How do you spell it?

答え方 L-I-S-A, Lisa.

- T-A-K-U-M-I, Takumi
- Y-U-K-I, Yuki
- K-E-N-T-A, Kenta

表現べんり帳
名前のつづりを教えてもらったら、Thank you. [サンキュー]「ありがとう」などとお礼を言います。

ステップアップ 自分の名前を伝えるには My name is ～. と言いますが、このほかに I'm ～.「わたしは～です」のような言い方もあります。例 I'm Takumi.（わたしはタクミです）

書いて練習のワーク

✪ 読みながらなぞって、もう１回書きましょう。

My name is Lisa.

わたしの名前はリサです。

My name is Takumi.

わたしの名前はタクミです。

Nice to meet you.

はじめまして。

How do you spell it?

それはどのようにつづりますか。

L-I-S-A, Lisa.

L、I、S、A、リサです。

英語のトビラ！ alphabet（アルファベット）ということばは、ギリシア文字の最初の２文字、α（アルファ）とβ（ベータ）からきたと言われているよ。

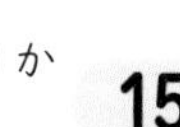

月　日

My name is Jun. ①ー2

基本のワーク

学習の目標

月を表す英語を言えるようになりましょう。

教科書 16〜17 ページ

月を表すことばを覚えよう！

✪ リズムに合わせて、声に出して言いましょう。

☐ **January**

1月

☐ **February**

2月

☐ **March**

3月

☐ **April**

4月

☐ **May**

5月

☐ **June**

6月

☐ **July**

7月

☐ **August**

8月

☐ **September**

9月

☐ **October**

10月

☐ **November**

11月

☐ **December**

12月

英語カード 60 〜 76

書いて練習のワーク

✪読みながらなぞって、1～2回書きましょう。

January

1月

February

2月

March　April

3月　4月

May　June

5月　6月

July　August

7月　8月

September

9月

October

10月

November

11月

December

12月

アメリカやイギリスの小学校では、学年はふつう8～9月に始まり、次の年の5～6月に終わるよ。夏休みが約2～3か月もあるんだ。

Lesson 1

月　日

学習の目標
日にちや誕生日を英語で言えるようになりましょう。

音声

My name is Jun. ① — 3

基本のワーク

♪ a07　教科書　16～17 ページ

1 日にちの言い方

言えたらチェック

1st.
1日です。
2nd.
2日です。
3rd.
3日です。
4th.
4日です。

日にちはふつうの数ではなく、1st（1番目）、2nd（2番目）、3rd（3番目）のような、「～番目」という順序を表す数の言い方で表します。

声に出して言ってみよう　次の英語を言いましょう。

・1st　・2nd　・3rd　・4th　・5th　・6th　・7th　・8th　・9th
・10th　・11th　・12th　・13th　・14th　・15th …
・20th　・21st　・22nd　・23rd　・24th　・25th … ・30th　・31st

ちょこっとプラス
「～番目」の表し方
一の位が1～3以外の場合は数字に th をつけます。11、12、13 は例外です。

2 誕生日のたずね方と答え方

When is your birthday?
あなたの誕生日はいつですか。

My birthday is April 3rd.
わたしの誕生日は4月3日です。

「あなたの誕生日はいつですか」は When is your birthday? と言います。
「わたしの誕生日は～月…日です」は My birthday is〈月〉〈日〉. と言います。

声に出して言ってみよう　□に入ることばを入れかえて言いましょう。

たずね方　When is your birthday?
答え方　My birthday is April 3rd.

・February 1st　・March 14th　・November 22nd

ちょこっとプラス
答えるときに my birthday をくり返さず、it に置きかえて、It's May 5th. のようにも言います。it は「それは」という意味で、it's は it is を短くした言い方です。

順序を表す数は次のようにつづります。
例 1st = first　2nd = second　3rd = third　4th = fourth　5th = fifth　20th = twentieth

書いて練習のワーク

読みながらなぞって、もう１回書きましょう。

When is your birthday?

あなたの誕生日はいつですか。

My birthday is April 3rd.

わたしの誕生日は４月３日です。

My birthday is February 1st.

わたしの誕生日は２月１日です。

My birthday is March 14th.

わたしの誕生日は３月14日です。

My birthday is November 22nd.

わたしの誕生日は11月22日です。

日付の書き方はアメリカとイギリスで異なっているよ。たとえば2024年５月５日は、アメリカではMay 5th , 2024と書き、イギリスでは5th May, 2024のように書くよ。

1 音声を聞いて、それぞれの名前を にアルファベットで書きましょう。 t01

2 音声を聞いて、それぞれの誕生日(たんじょうび)を線で結びましょう。 t02

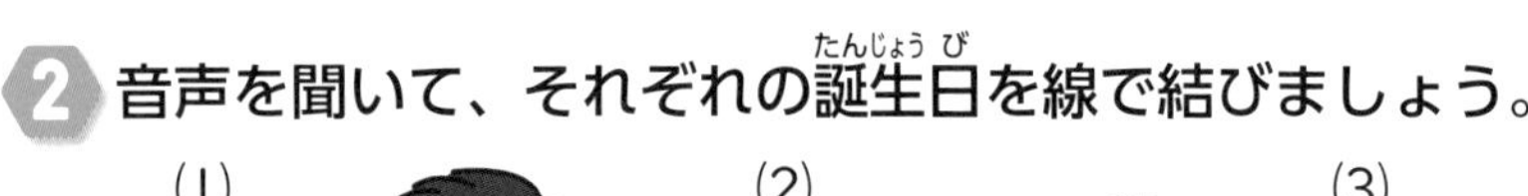

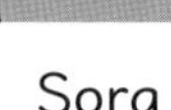

(1) Shun　(2) Nana　(3) Yuta　(4) Sora

11月5日	1月23日	7月11日	4月2日

まとめのテスト

勉強した日　月　日

My name is Jun. ①

得点　/50点

時間 20分

教科書 12〜17ページ　答え 2ページ

1 英語の意味を表す日本語を（　）に書きましょう。　1つ5点〔15点〕

(1) August 7th　（　　　　）

(2) February 10th　（　　　　）

(3) May 22nd　（　　　　）

2 日本語の意味になるように［　］から選んで、＿＿に書きましょう。文の最初にくることばは大文字で書き始めましょう。　1つ7点〔35点〕

(1) わたしの名前はケンタです。

My ＿＿＿＿ is Kenta.

(2) はじめまして。

＿＿＿＿ to meet you.

(3) [(1)に対して] それはどのようにつづりますか。

＿＿＿＿ do you spell it?

(4) あなたの誕生日はいつですか。

＿＿＿＿ is your birthday?

(5) わたしの誕生日は6月30日です。

My birthday is ＿＿＿＿ 30th.

how / June / nice / when / name / April

月　日

My name is Jun. ② — 1

基本のワーク

学習の目標

動物やスポーツ、色を表す英語を言えるようになりましょう。

18〜19 ページ

動物やスポーツ、色を表すことばを覚えよう！

✪ リズムに合わせて、声に出して言いましょう。　言えたらチェック □□□　♪ a08

□ **dog**　複 dogs
イヌ

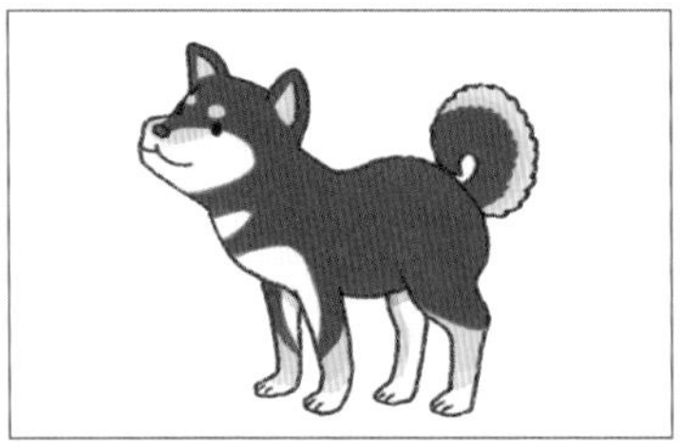

□ **panda**　複 pandas
パンダ

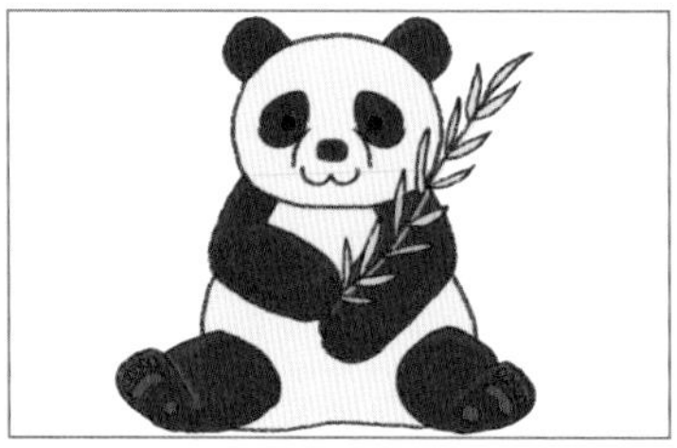

□ **monkey**　複 monkeys
サル

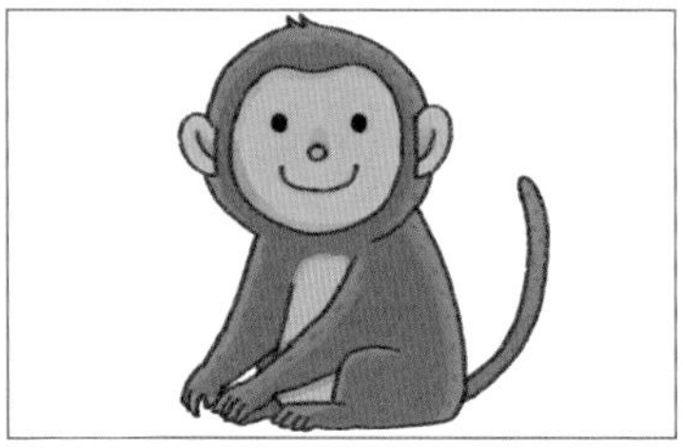

□ **snake**　複 snakes
ヘビ

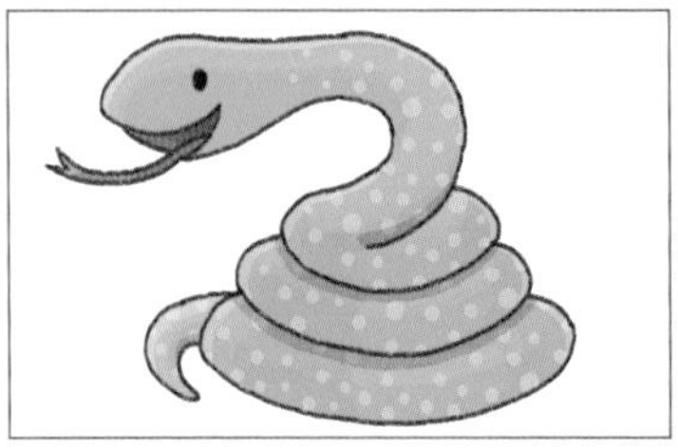

□ **fox**　複 foxes
キツネ

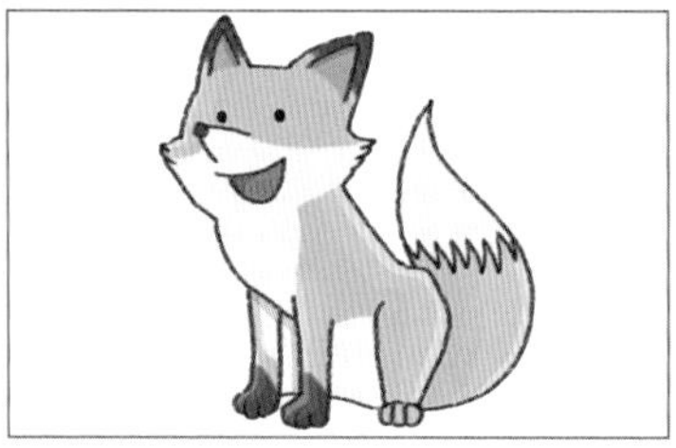

□ **baseball**
野球

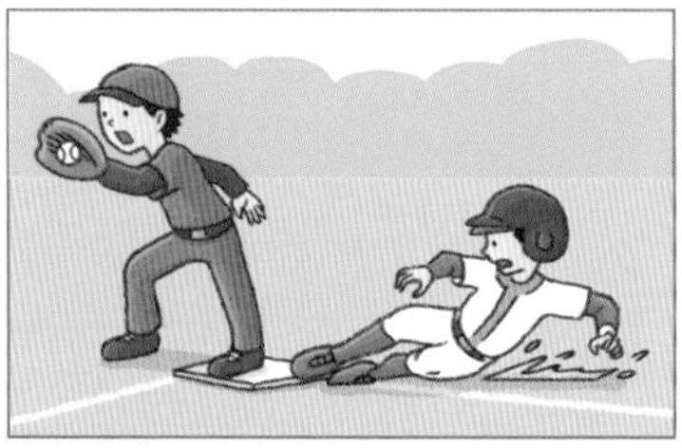

□ **basketball**
バスケットボール

□ **badminton**
バドミントン

□ **swimming**
水泳

♪ a09

□ blue 青	□ red 赤	□ yellow 黄	□ orange オレンジ
□ green 緑	□ pink ピンク	□ black 黒	□ white 白

数えられるものが１つのときは、ことばの前に a や an を置きます。２つ以上のときは、ことばの最後に s や es などを付けます。この形を複数形（ふくすうけい）と言います。例 a dog（[１匹（ぴき）の] イヌ）、two dogs（２匹（ひき）のイヌ）

複…複数形（ふくすうけい）

書いて練習のワーク

読みながらなぞって、1～3回書きましょう。

dog

イヌ

panda

パンダ

monkey

サル

snake

ヘビ

fox

キツネ

baseball

野球

basketball

バスケットボール

badminton

バドミントン

swimming

水泳

英語のトビラ！ 英語で虹(にじ)の色は red、orange、yellow、green、blue、indigo［インディゴウ］（あい色）、violet［ヴァイオレト］（すみれ色）の7色。アメリカでは indigo をのぞいて6色とすることも多いよ。

勉強した日　　月　　日

My name is Jun. ② — 2
基本のワーク

学習の目標
好きなものを英語で言ったり聞いたりできるようになりましょう。

音声

♪a10　教科書　18～19ページ

1 好きなものと好きでないものの言い方

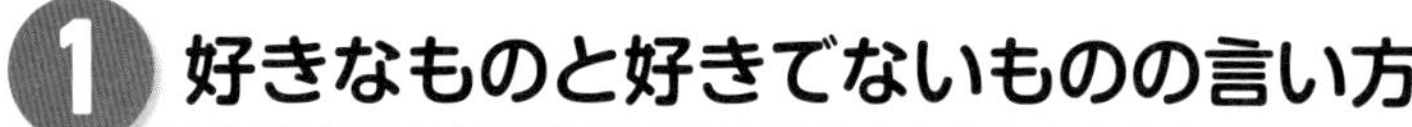
言えたらチェック

- 「わたしは～が好きです」は **I like ～.** と言います。
- 「わたしは～が好きではありません」は **I don't like ～.** と言います。

声に出して書いてみよう　□に入ることばを入れかえて言いましょう。
I like dogs. I don't like snakes.
pandas　baseball　red
monkeys　swimming　green

ちょこっとプラス
ふつう「イヌが好き」と言うときは「イヌという種類（全体）が好き」ということを表すので、I like のあとは複数形(ふくすうけい)の dogs にします。

2 好きかどうかのたずね方と答え方

言えたらチェック

- 「あなたは～が好きですか」は **Do you like ～?** と言います。
- 「はい、好きです」は **Yes, I do.**、「いいえ、好きではありません」は **No, I don't.** と言います。

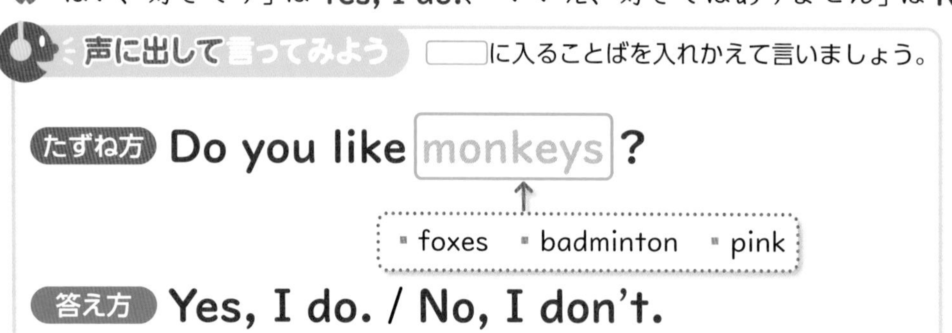

声に出して書いてみよう　□に入ることばを入れかえて言いましょう。
たずね方　Do you like monkeys?
foxes　badminton　pink
答え方　Yes, I do. / No, I don't.

表現(ひょうげん)べんり帳
Really?［リー（ア）リィ］は「本当に？」という意味です。人の発言を聞いておどろいたときなどに使います。

ステップアップ
「あなたは何のスポーツが好きですか」とたずねるときは、What sports do you like? と言います。What ～ do you like? で「あなたは何の～が好きですか」という意味です。

✪ 読みながらなぞって、もう１回書きましょう。

I like dogs.

わたしはイヌが好きです。

I don't like snakes.

わたしはヘビが好きではありません。

I like baseball.

わたしは野球が好きです。

I don't like swimming.

わたしは水泳が好きではありません。

Do you like monkeys?

あなたはサルが好きですか。

Yes, I do.

はい、好きです。

No, I don't.

いいえ、好きではありません。

like ～のあとに very much をつけると「～が大好きです」という意味になるよ。
例 I like dogs very much.（わたしはイヌが大好きです）

聞いて練習のワーク

教科書 18～19ページ　答え 2ページ

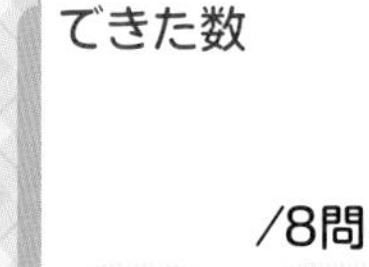

1 音声を聞いて、絵のものが好きならば○、好きでなければ×を（　）に書きましょう。

t03

(1)

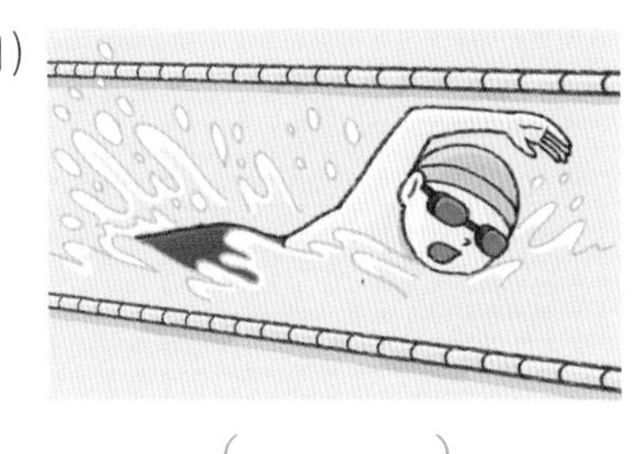

（　　　）

(2)

（　　　）

(3)

（　　　）

(4)

（　　　）

2 音声を聞いて、それぞれの好きなものと好きでないものを［　］から選んで、（　）に日本語で書きましょう。

t04

	名　前	好きなもの	好きでないもの
(1)	Kota	（　　　）	サル
(2)	Yumi	青	（　　　）
(3)	Saki	イヌ	（　　　）
(4)	Tomoya	（　　　）	赤

パンダ　緑　ヘビ　黒　キツネ

勉強した日　月　日

My name is Jun. ②

教科書 18〜19ページ　答え 3ページ

1 日本語の意味に合うように、(　)の中から正しいほうを選んで、▭で囲(かこ)みましょう。

1つ5点〔20点〕

(1) わたしはパンダが好きです。

I (like / don't like) pandas.

(2) わたしはバスケットボールが好きではありません。

I (like / don't like) basketball.

(3) あなたはヘビが好きですか。

(Do you / You do) like snakes?

(4) [(3)に答えて] いいえ、好きではありません。

No, I (do / don't).

2 日本語の意味を表す英語の文を▭から選んで、＿＿に書きましょう。

1つ10点〔30点〕

(1) わたしはバドミントンが好きです。

(2) わたしは黄色が好きではありません。

(3) あなたはイヌが好きですか。

I like badminton. / I like yellow.
I don't like badminton. / I don't like yellow.
Do you like dogs? / Do you like foxes?

勉強した日 月 日

I play soccer on Tuesdays. ①—1

基本のワーク

学習の目標

教科を英語で言えるようになりましょう。

音声

教科書 24～29 ページ

教科を表すことばを覚えよう！

✪ リズムに合わせて、声に出して言いましょう。  言えたらチェック a11

□ English
英語

□ P.E.
体育

□ music
音楽

□ math
算数

□ Japanese
国語

□ science
理科

□ social studies
社会科

□ home economics
家庭科

□ arts and crafts
図画工作

ワードボックス a12

□ subject(s) 教科　□ moral education 道徳　□ calligraphy 書写

ことば解説

算数の math は mathematics［マセマティクス］を短くした言い方です。

書いて練習のワーク

読みながらなぞって、1～2回書きましょう。

English
英語

P.E.
体育

music
音楽

math
算数

Japanese
国語

science
理科

social studies
社会科

home economics
家庭科

arts and crafts
図画工作

P.E. は、physical education［フィズィカル　エヂュケイション］を短くした言い方だよ。physical は「身体の」、education は「教育」という意味だよ。

勉強した日 月 日

学習の目標

好きな教科について英語で言えるようになりましょう。

音声

I play soccer on Tuesdays. ①—2

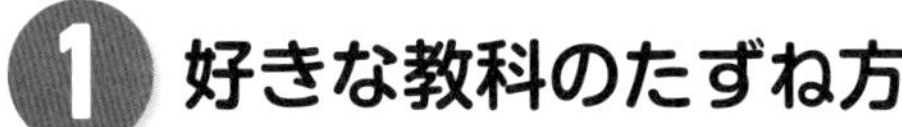

基本のワーク

♪a13 教科書 24〜27 ページ

1 好きな教科のたずね方

言えたらチェック

What subjects do you like?
あなたは何の教科が好きですか。

✿「あなたは何の教科が好きですか」は **What subjects do you like?** と言います。

声に出して言ってみよう 次の英語を言いましょう。

たずね方 **What subjects do you like?**

表現べんり帳

what 〜でよく使われるもの

- what fruit [フルート] どんな果物
- what food [フード] どんな食べ物

2 好きな教科の答え方

− 5 × 3
+ 0 ÷
4

I like math and social studies.

わたしは算数と社会科が好きです。

✿「わたしは〜が好きです」は **I like 〜.** と言います。

✿「〜」の部分に好きな教科を表すことばを入れます。

声に出して言ってみよう □に入ることばを入れかえて言いましょう。

答え方 **I like** math and social studies **.**

- Japanese and home economics
- English and music

ちょこっとプラス

English and music (英語と音楽) のように、2つのことばをつなぐときは and を使います。

ステップアップ Japanese には「日本語」という意味があります。日本では、国語は日本語を勉強する教科であるため、「国語」= Japanese と言います。

書いて練習のワーク

✪ 読みながらなぞって、もう１回書きましょう。

What subjects do you like?

あなたは何の教科が好きですか。

I like math and social studies.

わたしは算数と社会科が好きです。

I like Japanese and home economics.

わたしは国語と家庭科が好きです。

I like English and music.

わたしは英語と音楽が好きです。

アメリカの小学校の英語の授業(じゅぎょう)は language arts［ラングウィヂ アーツ］と言い、英語の読む・書く・話す・聞くの４つを総合的に学習するよ。学校によってはスペイン語などの外国語の授業があるよ。

勉強した日 月 日

I play soccer on Tuesdays. ①—3

基本のワーク

学習の目標
曜日を英語で言えるようになりましょう。

音声

教科書 28〜29ページ

曜日を表すことばを覚えよう！

リズムに合わせて、声に出して言いましょう。 言えたらチェック a14

□ **Sunday** 複 Sundays
日曜日

□ **Monday** 複 Mondays
月曜日

□ **Tuesday** 複 Tuesdays
火曜日

□ **Wednesday** 複 Wednesdays
水曜日

□ **Thursday** 複 Thursdays
木曜日

□ **Friday** 複 Fridays
金曜日

□ **Saturday** 複 Saturdays
土曜日

□ **day** 複 days
日

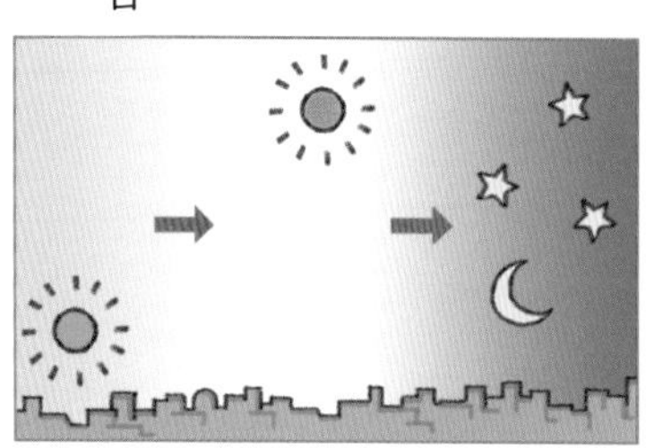

曜日の最初の文字はいつも大文字にするよ。

ワードボックス a15

□ English 英語	□ P.E. 体育	□ music 音楽	□ math 算数
□ Japanese 国語	□ science 理科	□ social studies 社会科	

発音コーチ

Wednesday の最初の d は発音しないので注意しましょう。Thursday の th は舌の先を上の歯に軽く当てながら発音します。音声をよく聞いて、まねて言いましょう。

複…複数形

勉強した日　月　日

書いて練習のワーク

✪ 読みながらなぞって、1～2回書きましょう。

Sunday

日曜日

Monday

月曜日

Tuesday

火曜日

Wednesday

水曜日

Thursday

木曜日

Friday

金曜日

Saturday

土曜日

day

日

カレンダーなどでは曜日が短く表されることがあるよ。Sunday → Sun.　Monday → Mon.
Tuesday → Tue.　Wednesday → Wed.　Thursday → Thu.　Friday → Fri.　Saturday → Sat.

勉強した日　月　日

I play soccer on Tuesdays. ①—4

基本のワーク

学習の目標
何曜日に何の教科があるかを英語で言えるようになりましょう。

音声

♪a16　教科書 28〜29 ページ

1 何の教科があるかのたずね方

言えたらチェック

What subjects do you have on Fridays?
あなたは金曜日に何の教科がありますか。

✿「あなたは〜曜日に何の教科がありますか」は What subjects do you have on 〈曜日〉? と言います。

声に出して言ってみよう　□に入ることばを入れかえて言いましょう。

たずね方　What subjects do you have on [Fridays]?

・Wednesdays　・Thursdays

ちょこっとプラス
on Friday は「金曜日に」という意味です。曜日を複数形にして on Fridays とすると「毎週金曜日に」という意味になります。

2 何の教科があるかの答え方

言えたらチェック

I have science, P.E., and English.
わたしは理科と体育と英語があります。
English

✿「わたしは〜があります」は I have 〜. と言います。
✿「〜」の部分に教科を表すことばを入れます。

声に出して言ってみよう　□に入ることばを入れかえて言いましょう。

答え方　I have [science, P.E., and English].

・math, social studies, and music

表現べんり帳
「わたしたち（のクラス）は〜があります」は We have 〜. と言います。
例 We have math and P.E.（わたしたちは算数と体育があります）

ステップアップ
3つ以上のものをならべるときは、コンマ(,)を使って A, B, and C のように言います。コンマの前のことばは上げるように読み、最後のことばは下げるように読みます。例 I have English, (↑), math, (↑) and music. (↓)

書いて練習のワーク

✪ 読みながらなぞって、もう１回書きましょう。

What subjects do you have on Fridays?

あなたは金曜日に何の教科がありますか。

I have science, P.E., and English.

わたしは理科と体育と英語があります。

I have math, social studies, and music.

わたしは算数と社会科と音楽があります。

Monday は「moon［ムーン］（月）の日」、Sunday は「sun［サン］（太陽）の日」という意味があるよ。

勉強した日　月　日

できた数　/8問中

音声

1 音声を聞いて、好きな教科を下から２つずつ選んで、（　）に記号を書きましょう。　t05

(1)（　　、　　）　(2)（　　、　　）　(3)（　　、　　）

ア　　イ

ウ

エ

2 音声を聞いて、それぞれの曜日について、授業（じゅぎょう）があると言っている教科に○をつけましょう。　t06

	国語	社会科	算数	家庭科	書写
月曜日	（　）	（　）	（　）	（　）	（　）
火曜日	（　）	（　）	（　）	（　）	（　）
水曜日	（　）	（　）	（　）	（　）	（　）
木曜日	（　）	（　）	（　）	（　）	（　）
金曜日	（　）	（　）	（　）	（　）	（　）

まとめのテスト

I play soccer on Tuesdays. ①

勉強した日　月　日

得点　/50点

時間 20分

教科書 24～29ページ　答え 4ページ

1 日本語の意味になるように［　］から選んで、＿＿に英語を書きましょう。　1つ8点〔32点〕

(1) あなたは何の教科が好きですか。

What ＿＿＿＿ do you like?

(2) [(1)に答えて] わたしは英語が好きです。

I like ＿＿＿＿ .

(3) あなたは金曜日に何の教科がありますか。

What subjects do you have on ＿＿＿＿ ?

(4) [(3)に答えて]　わたしは算数があります。

I have ＿＿＿＿ .

subjects / math
Fridays / music
English / Mondays

2 日本語の意味を表す英語の文を［　］から選んで、＿＿に書きましょう。　1つ9点〔18点〕

(1) あなたは水曜日に何の教科がありますか。

(2) わたしは図画工作が好きです。

I like arts and crafts. / What subjects do you like?
What subjects do you have on Wednesdays? / I have social studies.

聞く　話す　読む　書く

勉強した日　　月　　日

I play soccer on Tuesdays. ② — 1

基本のワーク

学習の目標

日常の動作を英語で言えるようになりましょう。

音声

教科書　30～31 ページ

日常の動作を表すことばを覚えよう！

☆ リズムに合わせて、声に出して言いましょう。

言えたらチェック

a17

☐ **sing**

歌う

☐ **dance**

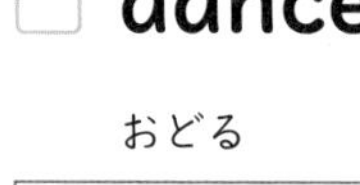

おどる

☐ **cook**

料理をする

☐ **clean**

そうじをする

☐ **study**

勉強する

☐ **read books**

本を読む

☐ **go shopping**

買い物に行く

☐ **watch TV**

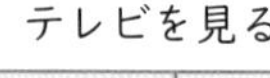

テレビを見る

☐ **practice karate**

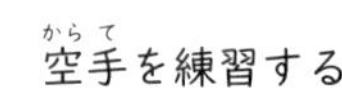

空手（からて）を練習する

☐ **have a swimming lesson**

水泳のレッスンを受ける

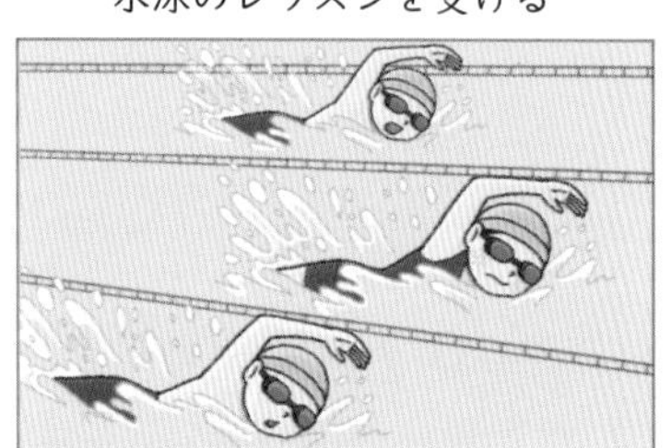

☐ **have a dance lesson**

ダンスのレッスンを受ける

英語カード 132～149、150～156

書いて練習のワーク

読みながらなぞって、もう1回書きましょう。

sing
歌う

dance
おどる

cook
料理をする

clean
そうじをする

study
勉強する

read books
本を読む

go shopping
買い物に行く

watch TV
テレビを見る

practice karate
空手を練習する

have a swimming lesson
水泳のレッスンを受ける

have a dance lesson
ダンスのレッスンを受ける

go のあとに～ing の形のことばを続けると、「～しに行く」という意味になるよ。
例 go hiking［ゴゥ ハイキング］（ハイキングに行く）、go camping［ゴゥ キァンピング］（キャンプに行く）

勉強した日　　月　　日

I play soccer on Tuesdays. ②—2

基本のワーク

学習の目標

スポーツや楽器に関する動作を英語で言えるようになりましょう。

音声

教科書　30〜31ページ

スポーツや楽器に関する動作を表すことばを覚えよう！

✪ リズムに合わせて、声に出して言いましょう。　言えたらチェック □□□

□ play soccer
サッカーをする

□ play baseball
野球をする

□ play tennis
テニスをする

□ play badminton
バドミントンをする

□ play rugby
ラグビーをする

□ play the piano
ピアノを演奏(えんそう)する

□ play the guitar
ギターを演奏する

□ play the recorder
リコーダーを演奏する

スポーツでも楽器でもplayを使うんだね！

a19

□ dodgeball　ドッジボール	□ volleyball　バレーボール	□ softball　ソフトボール
□ trumpet(s)　トランペット	□ violin(s)　バイオリン	□ castanets　カスタネット

playには「(スポーツ) をする」「(楽器) を演奏する」「遊ぶ」などの意味があります。「(楽器) を演奏する」と言うときは、楽器名の前にtheを置きます。スポーツ名の前にはtheを置きません。

書いて練習のワーク

読みながらなぞって、もう1回書きましょう。

play soccer

サッカーをする

play baseball

野球をする

play tennis

テニスをする

play badminton

バドミントンをする

play rugby

ラグビーをする

play the piano

ピアノを演奏する

play the guitar

ギターを演奏する

play the recorder

リコーダーを演奏する

play baseball のように「(スポーツ) をする」と言うときは play を使うけれど、do を使うこともあるよ。
例 do judo (柔道(じゅうどう)をする)、do karate (空手(からて)をする)、do kendo (剣道(けんどう)をする)

勉強した日 月 日

学習の目標
何曜日に何をするかについて英語で言えるようになりましょう。

I play soccer on Tuesdays. ② — 3

a20 教科書 30〜33ページ

1 何曜日に何をするかの言い方

言えたらチェック

I usually play soccer on Fridays.
わたしはふだん金曜日にサッカーをします。

✿「わたしはふだん～曜日に…をします」は I usually 〈動作を表すことば〉 on 〈曜日〉. と言います。

声に出して言ってみよう　□に入ることばを入れかえて言いましょう。

I usually [play soccer] on [Fridays].

・play baseball　・cook

・Mondays　・Tuesdays

ちょこっとプラス
「毎日」は every day と言います。ふつう、文の最後に置きます。

2 何曜日に何をするかのたずね方と答え方

言えたらチェック

What do you do on Sundays?
あなたは日曜日に何をしますか。

I have a dance lesson on Sundays.
わたしは日曜日にダンスのレッスンを受けます。

✿「あなたは～曜日に何をしますか」は What do you do on 〈曜日〉? と言います。

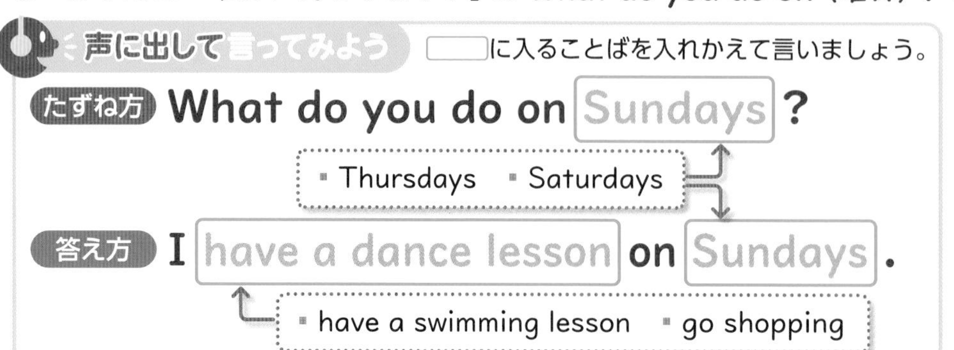
声に出して言ってみよう　□に入ることばを入れかえて言いましょう。

たずね方 What do you do on [Sundays]?

・Thursdays　・Saturdays

答え方 I [have a dance lesson] on [Sundays].

・have a swimming lesson　・go shopping

ちょこっとプラス
What do you do on 〈曜日〉? には do が2つありますが、そのうち2つ目の do が「～する」という意味です。1つ目の do は日本語にしません。

たずねる文はふつう Do you ～? (↗) のように文の最後を上げて読みますが、what で始まるたずねる文は、文の最後を下げて読みます。 例 What do you do on Sundays? (↘)

✪ 読みながらなぞって、もう１回書きましょう。

I usually play soccer on Fridays.

わたしはふだん金曜日にサッカーをします。

I usually cook on Tuesdays.

わたしはふだん火曜日に料理をします。

What do you do on Sundays?

あなたは日曜日に何をしますか。

I have a dance lesson on Sundays.

わたしは日曜日にダンスのレッスンを受けます。

I go shopping on Saturdays.

わたしは土曜日に買い物に行きます。

聞く 話す 読む 書く

What! で「なんだって！」とおどろきやいかりの感情を表すことができるよ。

勉強した日　月　日

Lesson 2

教科書 30～33ページ　答え 4ページ

できた数　/8問中

音声

1 音声を聞いて、絵の内容(ないよう)と合っていれば○、合っていなければ×を（　）に書きましょう。

t07

(1)

（　　）

(2)

（　　）

(3)

（　　）

(4)

（　　）

2 音声を聞いて、それぞれが土曜日と日曜日にすることを下から選んで、（　）に記号を書きましょう。

t08

	名　前	土曜日	日曜日
(1)	Rumi	（　　）	ダンスのレッスンを受ける
(2)	Maki	バレーボールをする	（　　）
(3)	Shinji	料理をする	（　　）
(4)	Taku	（　　）	空手(からて)を練習する

ア テレビを見る　イ 本を読む　ウ 野球をする

エ テニスをする　オ 買い物に行く

勉強した日 月 日

まとめのテスト

I play soccer on Tuesdays. ②

得点 /50点

時間 20分

教科書 30〜33ページ　答え 4ページ

1 日本語の意味になるように [ ] から選んで、＿＿ に英語を書きましょう。 1つ10点〔30点〕

(1) あなたは日曜日に何をしますか。

What ＿＿＿＿＿＿ on Sundays?

(2) [(1)に答えて]　わたしは日曜日にテニスをします。

I ＿＿＿＿＿＿ on Sundays.

(3) わたしは土曜日に水泳のレッスンを受けます。

I have ＿＿＿＿＿＿

on Saturdays.

a dance lesson / play tennis / play rugby
a swimming lesson / do you do / do you

2 日本語の意味を表す英語の文を [ ] から選んで、＿＿ に書きましょう。 1つ10点〔20点〕

(1) わたしはふだん火曜日にサッカーをします。

＿＿＿＿＿＿＿＿＿＿＿＿

(2) あなたは月曜日に何をしますか。

＿＿＿＿＿＿＿＿＿＿＿＿

What do you do on Tuesdays? / I usually play soccer on Tuesdays.
I usually cook on Fridays. / What do you do on Mondays?

勉強した日 月 日

ABC Fun Box 1 2

プラスワーク

教科書 22〜23 ページ、36〜37 ページ　答え 5 ページ

✪ 音声を聞いて、アルファベットをなぞりましょう。 t09

大文字

A B C D E F G H I J K L M

N O P Q R S T U V W X Y Z

小文字

a b c d e f g h i j k l m

n o p q r s t u v w x y z

アルファベットの音と形をおさらいしようね！

1 自己紹介(じこしょうかい)を聞いて、それぞれの名前のつづりを□で囲(かこ)みましょう。

(1)

Kento

Kenta

(2)

Ellen

Ellie

 次の絵が表す単語と同じ文字で始まる単語の絵を下から選んで、（　）に記号を書きましょう。

(1)

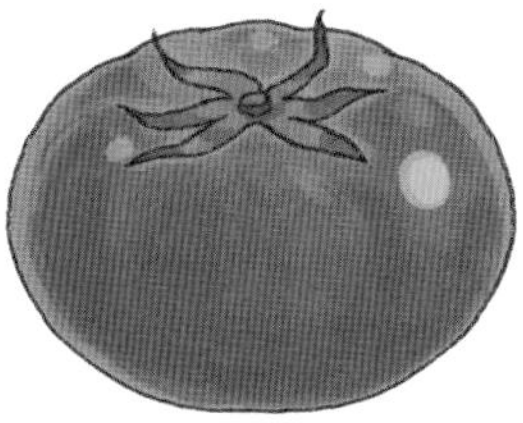

（　　　）

ア 　　イ 　　ウ

(2)

（　　　）

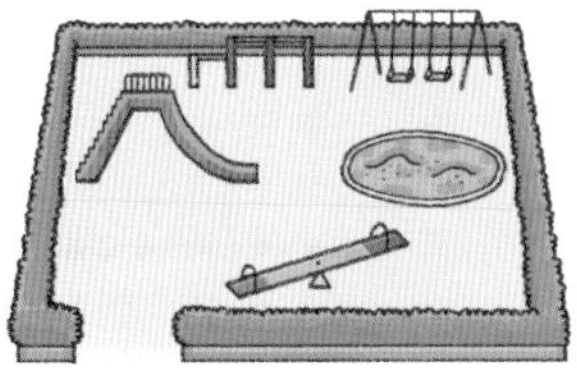

ア 　　イ 　　ウ

 絵が表す単語の最初の文字をそれぞれ選んで、線で結びましょう。

(1)　　(2) 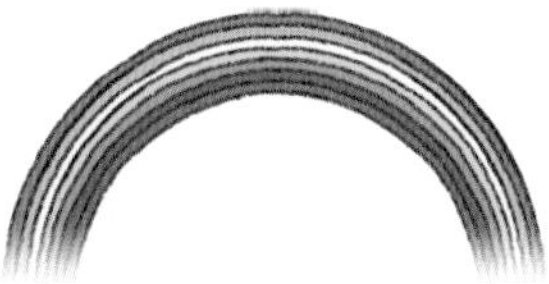　　(3)

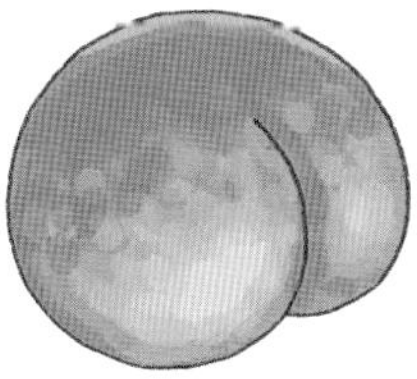

r　　m　　p

勉強した日　月　日

He is my brother. — 1

基本のワーク

学習の目標

家族や人、性格などを英語で言えるようになりましょう。

教科書 42〜49 ページ

家族や人を表すことばを覚えよう！

✪ リズムに合わせて、声に出して言いましょう。　言えたらチェック　♪ a21

- □ **father**　複 fathers　お父さん 
- □ **mother**　複 mothers　お母さん 
- □ **brother**　複 brothers　お兄さん、弟 
- □ **sister**　複 sisters　お姉さん、妹 
- □ **grandfather**　複 grandfathers　おじいさん 
- □ **grandmother**　複 grandmothers　おばあさん 
- □ **friend**　複 friends　友だち 
- □ **boy**　複 boys　男の子 
- □ **girl**　複 girls　女の子

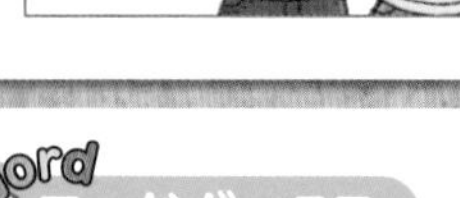

ワードボックス　♪ a22

□ famous　有名な	□ talented　才能のある	□ cute　かわいい	□ strong　強い
□ popular　人気のある	□ kind　親切な	□ active　活動的な	□ cool　かっこいい
□ brave　勇かんな	□ funny　おもしろい	□ smart　頭の良い	□ friendly　人なつっこい

複…複数形

✪ 読みながらなぞって、1～3回書きましょう。

father

お父さん

mother

お母さん

brother

お兄さん、弟

sister

お姉さん、妹

grandfather

おじいさん

grandmother

おばあさん

friend

友だち

boy

男の子

girl

女の子

英語の brother は「兄」「弟」を区別しないで使うよ。sister も「姉」「妹」を区別しないよ。

勉強した日　月　日

He is my brother. — 2
基本のワーク

学習の目標
身近な人について英語で言ったり聞いたりできるようになりましょう。

音声

♪a23　教科書　42〜45 ページ

1 人のたずね方

言えたらチェック

Who is this?
こちらはだれですか。

- 「こちらはだれですか」は Who is this? と言います。
- this は近くにいる人を指して「こちらは」と言うときに使います。

声に出して言ってみよう 次の英語を言いましょう。

たずね方 **Who is this?**

ちょこっとプラス
who は「だれ」という意味で、たずねる文の場合、はじめに置きます。これまでに習った what「何」や when「いつ」と区別しましょう。

2 人の答え方

言えたらチェック

This is Ken.
こちらはケンです。

- 「こちらは〜です」は This is 〜. と言います。
- 「〜」には名前や人を表すことばを入れます。

声に出して言ってみよう

□に入ることばを入れかえて言いましょう。

答え方 **This is [Ken].**

Grace

・Grace　・Yuki

ちょこっとプラス
this は「これ、この人」という意味があります。that［ザット］は「あれ、あの人」という意味があり、少しはなれたところにいるものや人について言うときに使います。

ステップアップ

「こちらはわたしの姉［妹］の〜です」などと言うときには、This is my sister, 〜. と言います。コンマのあとに名前を続けます。例 This is my sister, Yuki.（こちらはわたしの姉［妹］のユキです）

書いて練習のワーク

読みながらなぞって、1～2回書きましょう。

Who is this?

こちらはだれですか。

This is Ken.

こちらはケンです。

Who is this?

こちらはだれですか。

This is Grace.

こちらはグレイスです。

This is Yuki.

こちらはユキです。

男性に対して「～さん」は Mr.～、女性に対して「～さん」は Ms.～ と言うよ。Mr. や Ms. のあとには姓(せい)だけ、もしくはフルネームがくるよ。Ken のような名前（名）だけがくることはないので注意してね。

Lesson 3

勉強した日 月 日

He is my brother. — 3
基本のワーク

学習の目標
身近な人について英語で紹介できるようになりましょう。

音声

♪a24 教科書 44～49 ページ

1 人を紹介する言い方

言えたらチェック

He is my brother.
彼はわたしのお兄さんです。

✿「彼［彼女］は～です」は He[She] is ～. と言います。

✿「～」には自分との関係を表すことばを入れます。

声に出して言ってみよう　□に入ることばを入れかえて言いましょう。

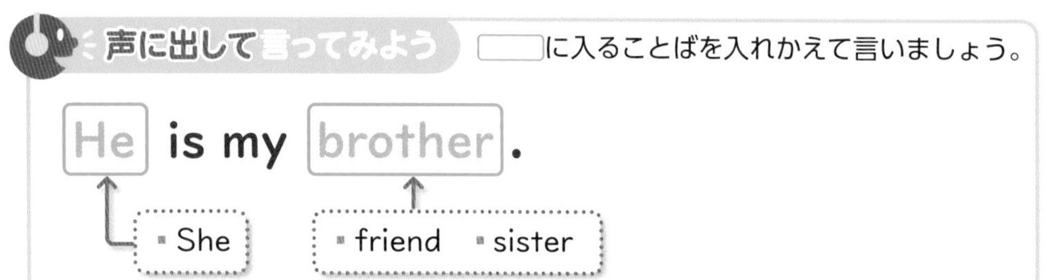

He is my brother.
She
friend
sister

表現べんり帳

she や he の代わりに Mai や Haruto など、名前を使って言うこともできます。

例 Mai is my sister.

2 人の性格や特徴の言い方

言えたらチェック

He is strong.
彼は強いです。

✿「彼［彼女］は～です」は He[She] is ～. と言います。

✿「～」には性格や特徴を表すことばを入れます。

声に出して言ってみよう　□に入ることばを入れかえて言いましょう。

He is strong.
She
kind
funny

ちょこっとプラス

She is は She's［シ(ー)ズ］、He is は He's［ヒ(ー)ズ］と、短くして言うこともできます。

ステップアップ

「彼［彼女］はわたしの大好きな～です」は He[She] is my favorite［フェイヴ(ァ)リト］～. と言います。

例 He is my favorite tennis player.（彼はわたしの大好きなテニス選手です）

書いて練習のワーク

読みながらなぞって、もう１回書きましょう。

He is my brother.

彼はわたしのお兄さんです。

He is my friend.

彼はわたしの友だちです。

She is my sister.

彼女はわたしの妹です。

He is strong.

彼は強いです。

She is kind.

彼女は親切です。

She is funny.

彼女はおもしろいです。

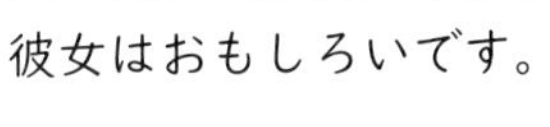

cool［クール］は「かっこいい」という意味で、最近は日本語としても使われるね。cool にはほかに「すずしい」「冷静な」などの意味もあるよ。

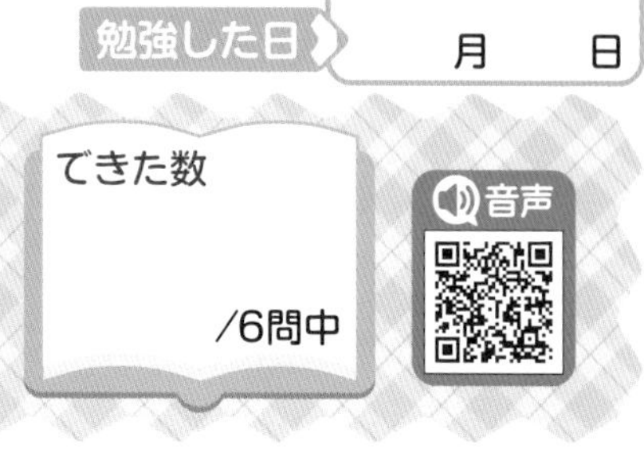

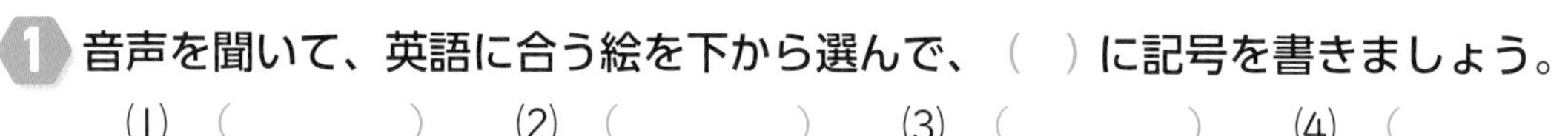

1 音声を聞いて、英語に合う絵を下から選んで、(　)に記号を書きましょう。

(1) (　　　)　(2) (　　　)　(3) (　　　)　(4) (　　　)

ア

イ

ウ

エ

2 音声を聞いて、それぞれの紹介（しょうかい）に合うものを下から選んで、(　)に記号を書きましょう。

♪ t12

	(1) Nana	(2) Ren
わたしとの関係	① (　　　)	① (　　　)
性格（せいかく）や特徴（とくちょう）	② (　　　)	② (　　　)

ア お姉さん　　イ かっこいい　　ウ 頭の良い

エ お母さん　　オ 友だち　　カ 活動的な

まとめのテスト

勉強した日　月　日

He is my brother.

得点　/50点

時間 20分

教科書 42～49ページ　答え 5ページ

1 日本語の意味になるように から選んで、 に英語を書きましょう。文の最初にくることばは大文字で書き始めましょう。 1つ8点〔32点〕

(1) 彼(かれ)はわたしの友だちです。

He is my ＿＿＿＿.

(2) こちらはカナです。

＿＿＿＿ is Kana.

(3) 彼女(かのじょ)はわたしのお母さんです。

She is my ＿＿＿＿.

(4) 彼は強いです。

He is ＿＿＿＿.

mother / friend / sister
this / she / strong / cool

2 日本語の意味を表す英語の文を から選んで、 に書きましょう。 1つ9点〔18点〕

(1) こちらはだれですか。

＿＿＿＿

(2) 彼女は勇かんです。

＿＿＿＿

She is talented. / Who is this?
He is famous. / She is brave.

Lesson 4

I can jump high. — 1

基本のワーク

勉強した日　　月　　日

学習の目標
動作を表すことばを英語で言えるようになりましょう。

音声

教科書 52〜61 ページ

動作を表すことばを覚えよう！

✪ リズムに合わせて、声に出して言いましょう。　言えたらチェック □□□　♪a25

- □ **cook** 料理をする 
- □ **swim** 泳ぐ 
- □ **jump** 跳(と)ぶ 
- □ **run** 走る 
- □ **walk** 歩く 
- □ **fly** 飛ぶ 
- □ **play soccer** サッカーをする

- □ **play the guitar** ギターを演奏(えんそう)する

- □ **ride a unicycle** 一輪車に乗る

ワードボックス　♪a26

- □ sing 歌う
- □ read 読む
- □ write 書く
- □ dance おどる
- □ eat 食べる
- □ ski スキーをする
- □ violin(s) バイオリン
- □ piano(s) ピアノ
- □ tennis テニス
- □ make a fire 火をおこす

ことば解説

動作に説明を加えたいときは well、high、fast などを使います。それぞれ動作を表すことばのあとに置いてその動作をどんなふうにするかを補足(ほそく)します。例 sing well（じょうずに歌う）/jump high（高く跳ぶ）/run fast（速く走る）

書いて練習のワーク

✪ 読みながらなぞって、1～3回書きましょう。

cook

料理をする

swim

泳ぐ

jump

跳ぶ

run

走る

walk

歩く

fly

飛ぶ

play soccer

サッカーをする

play the guitar

ギターを演奏する

ride a unicycle

一輪車に乗る

unicycle の uni は「1 つの」という意味を表しているよ。bicycle（自転車）の bi は「2 つの」、tricycle［トゥライスィクル］（三輪車）の tri は「3 つの」という意味を表しているよ。

勉強した日　月　日

I can jump high. — 2

基本のワーク

学習の目標
楽器やスポーツを表す英語を言えるようになりましょう。

音声

教科書 52～61 ページ

楽器やスポーツを表すことばを覚えよう！

✪ リズムに合わせて、声に出して言いましょう。　言えたらチェック

a27

☐ **trumpet**　複 trumpets
トランペット

☐ **piano**　複 pianos
ピアノ

☐ **violin**　複 violins
バイオリン

☐ **guitar**　複 guitars
ギター

☐ **soccer**
サッカー

☐ **tennis**
テニス

☐ **volleyball**
バレーボール

☐ **table tennis**
卓球（たっきゅう）

☐ **dodgeball**
ドッジボール

ワードボックス

a28

☐ bird(s)　鳥　☐ cheetah(s)　チーター　☐ kangaroo(s)　カンガルー
☐ dolphin(s)　イルカ　☐ monkey(s)　サル

発音コーチ

bird の ir は、口をあまり開けずに、舌（した）を後ろに丸めるようにして「ア～」と発音します。舌の先が口の中のどこにもつかないようにします。

複…複数形（ふくすうけい）

書いて練習のワーク

読みながらなぞって、1～2回書きましょう。

trumpet

トランペット

piano

ピアノ

violin

バイオリン

guitar

ギター

soccer

サッカー

tennis

テニス

volleyball

バレーボール

table tennis

卓球

dodgeball

ドッジボール

サッカーはアメリカでは soccer と言うけれど、イギリスではふつう football［フトゥボール］と言うよ。アメリカで football と言うと、ふつうアメリカンフットボールのことだよ。

勉強した日　月　日

I can jump high. — 3

基本のワーク

学習の目標

できることやできないことを英語で言えるようになりましょう。

音声

♪ a29　教科書　54～61 ページ

1 できることの言い方

言えたらチェック

＊「わたしは～することができます」は **I can ～.** と言います。

＊「～」に動作を表すことばを入れます。

声に出して言ってみよう　□に入ることばを入れかえて言いましょう。

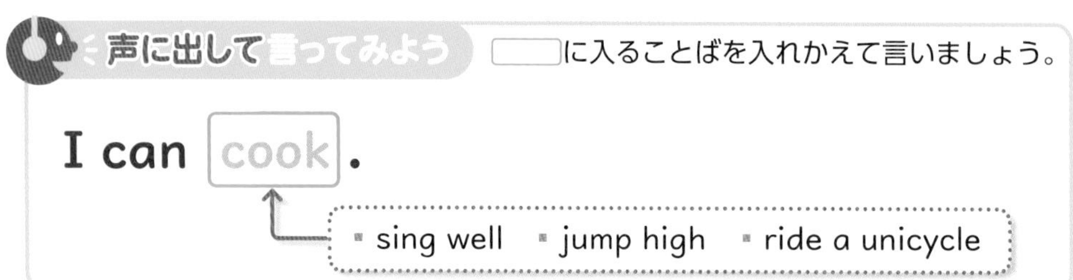

I can cook.
・sing well　・jump high　・ride a unicycle

表現べんり帳

相手の言ったことにおどろいたり、相手の言ったことをほめたりするときは、次のように言います。

・Wow!［ワウ］「わあ！」

・Great!［グレイト］「すごい！」

2 できないことの言い方

言えたらチェック

＊「わたしは～することができません」は **I can't ～.** と言います。

声に出して言ってみよう　□に入ることばを入れかえて言いましょう。

I can't run.
・fly　・dance　・play the trumpet

ちょこっとプラス

can't は cannot［カナット］と言うこともあります。話し言葉では can't のほうがよく使われます。

ステップアップ　英語には can't や don't（＝ do not）など、ことばをくっつけて短くした形があります。これらを短縮形と言います。

書いて練習のワーク

✪ 読みながらなぞって、もう１回書きましょう。

I can cook.

わたしは料理をすることができます。

I can sing well.

わたしはじょうずに歌うことができます。

I can jump high.

わたしは高く跳(と)ぶことができます。

I can ride a unicycle.

わたしは一輪車に乗ることができます。

I can't run.

わたしは走ることができません。

I can't fly.

わたしは飛ぶことができません。

I can't play the trumpet.

わたしはトランペットを演奏(えんそう)することができません。

cook は熱を加えて料理をすることを言うよ。熱を加えないときは make などを使うよ。
例 make (a) salad（サラダを作る）

勉強した日 月 日

I can jump high. — 4
基本のワーク

学習の目標
できるかどうかを英語でやりとりできるようになりましょう。

音声

♪ a30 教科書 54～61 ページ

1 できるかどうかのたずね方

言えたらチェック

Can you play soccer well?
あなたはじょうずにサッカーをすることができますか。

✿「あなたは～することができますか」は Can you ～? と言います。
✿「じょうずに」は well と言います。

声に出して言ってみよう　□に入ることばを入れかえて言いましょう。

たずね方 Can you [play soccer] well?

・play the piano　・cook curry

ちょこっとプラス
Can you ～? は相手の能力（のうりょく）について聞くことになり、失礼に思われることもあるため、Do you ～? を使ったほうがよい場合もあります。

2 できるかどうかの答え方

言えたらチェック

No, I can't.
いいえ、できません。
But I can play tennis well.
しかし、わたしはじょうずにテニスをすることができます。

✿「はい、できます」は Yes, I can.、「いいえ、できません」は No, I can't. と言います。
✿「しかし、わたしは～することができます」は But I can ～. と言います。

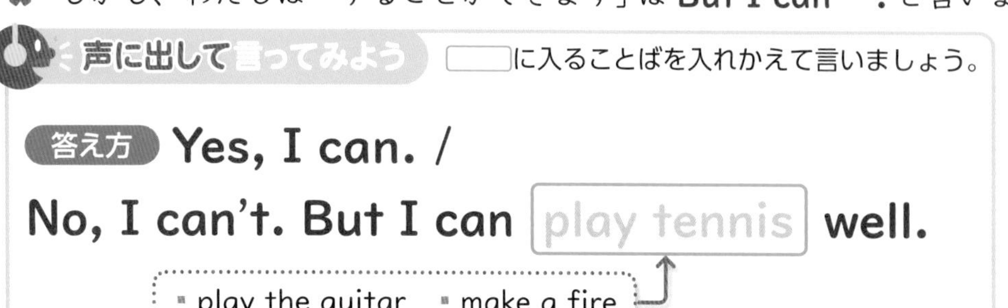

声に出して言ってみよう　□に入ることばを入れかえて言いましょう。

答え方 Yes, I can. /
No, I can't. But I can [play tennis] well.

・play the guitar　・make a fire

表現（ひょうげん）べんり帳
but は「しかし、でも」という意味です。内容（ないよう）や意味が反対になる2つの文やことばをつなぐ働きがあります。

ステップアップ

Can you do this? は「あなたはこれをすることができますか」という意味です。do は「(～を) する」、this は「これ」という意味です。

✪ 読みながらなぞって、もう１回書きましょう。

Can you play soccer well?

あなたはじょうずにサッカーをすることができますか。

Can you play the piano well?

あなたはじょうずにピアノを演奏(えんそう)することができますか。

Yes, I can.

はい、できます。

No, I can't.

いいえ、できません。

But I can play tennis well.

しかし、わたしはじょうずにテニスをすることができます。

But I can make a fire well.

しかし、わたしはじょうずに火をおこすことができます。

Can you ～? は「～してくれますか」という意味にもなるよ。場面によってどちらの意味で使われているかを考えよう。

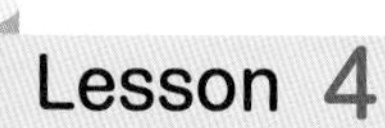

勉強した日　　月　　日

教科書 52～61 ページ　答え 6 ページ

できた数　　/7問中

音声

1 音声を聞いて、英語に合う絵を下から選んで、(　)に記号を書きましょう。

(1) (　　　)　(2) (　　　)　(3) (　　　)　(4) (　　　)

ア

イ

ウ

エ

2 音声を聞いて、それぞれのできることとできないことを下から選んで、(　)に記号を書きましょう。

t14

	名　前	できること	できないこと
(1)	Kento	(　　)	(　　)
(2)	Sakura	(　　)	(　　)
(3)	Takuma	(　　)	(　　)

ア 一輪車に乗る　イ 泳ぐ　ウ サッカーをする

エ ギターを演奏(えんそう)する　オ 料理をする　カ 火をおこす

キ テニスをする

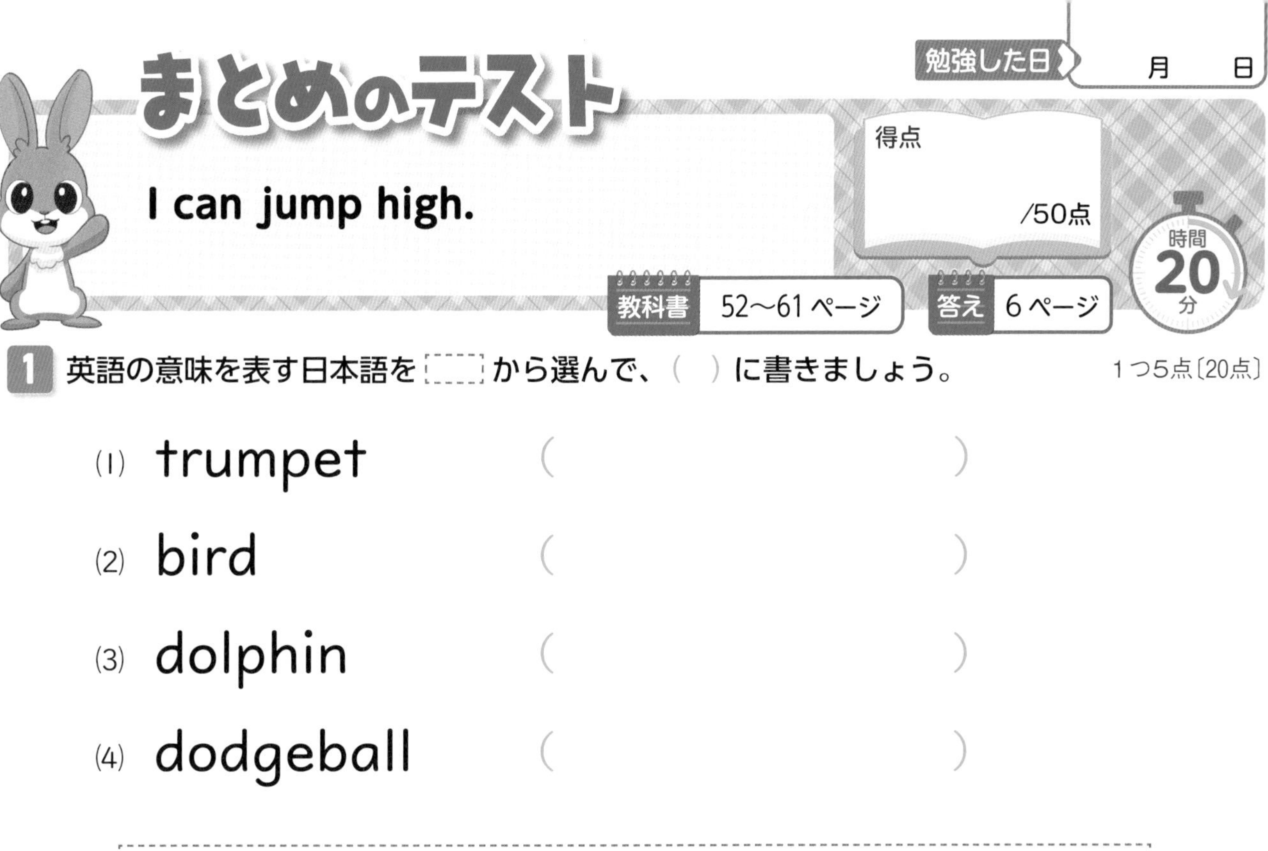

まとめのテスト

I can jump high.

勉強した日　月　日

得点　/50点

時間 20分

教科書 52～61 ページ　答え 6 ページ

1 英語の意味を表す日本語を［　］から選んで、（　）に書きましょう。　1つ5点〔20点〕

(1) trumpet　（　　　　　）

(2) bird　（　　　　　）

(3) dolphin　（　　　　　）

(4) dodgeball　（　　　　　）

イルカ　ギター　鳥　トランペット　ドッジボール　テニス

2 (1)～(3)の絵の人物になったつもりで、［　］から英語を選んで＿＿に書きましょう。　1つ10点〔30点〕

(1)　(2)　(3)

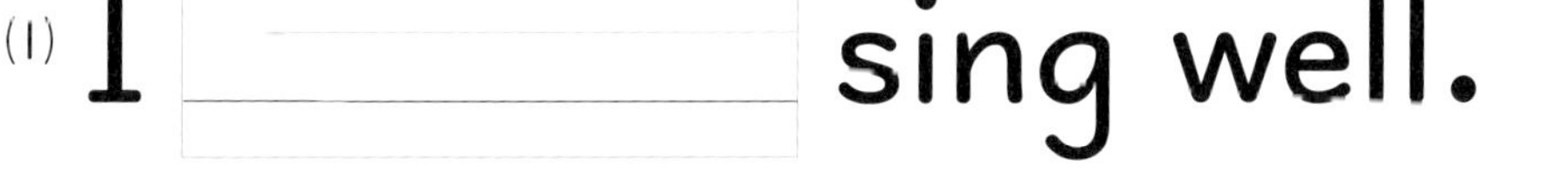

(1) I ＿＿＿＿＿ sing well.

(2) I ＿＿＿＿＿ play the piano.

(3) I can ＿＿＿＿＿ fast.

walk / jump / run / can / can't

勉強した日　月　日

Try

ABC Fun Box 3

プラスワーク

教科書 62～63ページ　答え 7ページ

1 絵が表す単語を[ ]から選んで、＿＿に書きましょう。

(1)

dig　dot　dog

(2)

cap　cut　cat

(3)

big　bag　dog

よくにているつづりに
気をつけよう！

2 絵が表す単語を下から選んで、（　）に記号を書きましょう。

(1)

（　　）

(2)

（　　）

(3)

（　　）

(4)

（　　）

(5)

（　　）

(6)

（　　）

ア kind	イ strong	ウ nurse
エ run	オ swim	カ cook
キ teacher	ク May	ケ March

3 絵が表す語句（ごく）を［　］から選んで、＿＿に書きましょう。

(1)

＿＿＿＿＿＿＿＿＿＿＿＿＿＿＿＿＿＿＿＿

(2)

＿＿＿＿＿＿＿＿＿＿＿＿＿＿＿＿＿＿＿＿

sing well	play tennis
play soccer	watch TV

聞く　話す　読む　書く

Lesson 5

She can bake cookies. ① — 1

基本のワーク

勉強した日　　月　　日

学習の目標

職業を表すことばを英語で言えるようになりましょう。

64～69 ページ

職業を表すことばを覚えよう！

✪ リズムに合わせて、声に出して言いましょう。

☐ **baker**　複 bakers

パン職人

☐ **doctor**　複 doctors

医師

☐ **nurse**　複 nurses

看護師

☐ **baseball player**　複 baseball players

野球選手

☐ **teacher**　複 teachers

先生

☐ **farmer**　複 farmers

農家

☐ **fire fighter**　複 fire fighters

消防士

☐ **bus driver**　複 bus drivers

バスの運転手

☐ **police officer**　複 police officers

警察官

☐ **vet**　複 vets

獣医

☐ **florist**　複 florists

花屋さんの店員

☐ **comedian**　複 comedians

コメディアン

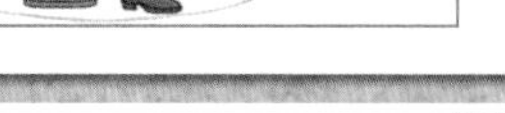

複…複数形

書いて練習のワーク

✪ 読みながらなぞって、１～３回書きましょう。

baker
パン職人

doctor
医師

nurse
看護師

baseball player
野球選手

teacher
先生

farmer
農家

fire fighter
消防士

bus driver
バスの運転手

police officer
警察官

vet
獣医

florist
花屋さんの店員

comedian
コメディアン

cook は「料理人」という意味のほかに、動作を表すことばとして「料理をする」という意味もあるよ。（→ p.56）

Lesson 5

勉強した日　月　日

She can bake cookies. ① — 2

基本のワーク

学習の目標
人の職業やできることを英語で言えるようになりましょう。

音声

♪a32　教科書　66～69 ページ

① 人の職業を紹介する言い方

This is Mr. Hayashi.
He is a baker.
こちらは林さんです。彼はパン職人です。

- 「こちらは～です」は This is ～. と言います。
- 「彼は～です」は He is ～.、「彼女は～です」は She is ～. と言います。

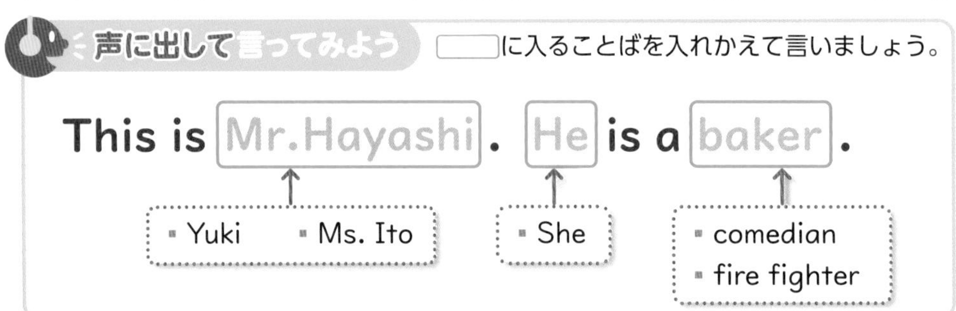

声に出して言ってみよう　□に入ることばを入れかえて言いましょう。

This is [Mr.Hayashi]. [He] is a [baker].

- Yuki　・Ms. Ito
- She
- comedian　・fire fighter

ちょこっとプラス

「彼［彼女］は～ですか」は、Is he[she] ～? と言います。答えるときは、Yes, he[she] is.（はい、そうです）や No, he[she] isn't.（いいえ、ちがいます）と言います。

② 人のできることの言い方

He can bake bread.
彼はパンを焼くことができます。

- 「彼は～することができます」は He can ～.、「彼女は～することができます」は She can ～. と言います。
- 「～」の部分には動作を表すことばが入ります。

声に出して言ってみよう　□に入ることばを入れかえて言いましょう。

He can [bake bread].

- dance well　・run fast

くらべよう

can を入れると「できる」という意味になります。

- I play the piano.（わたしはピアノを演奏します）
- I can play the piano.（わたしはピアノを演奏することができます）

ステップアップ　she や he の代わりに Mai や Haruto など、名前を使って言うこともできます。例 Mai can ski well.（マイはじょうずにスキーをすることができます）/ Haruto can't swim.（ハルトは泳ぐことができません）

書いて練習のワーク

✪ 読みながらなぞって、もう１回書きましょう。

This is Mr. Hayashi.

こちらは林さんです。

He is a baker.

彼はパン職人です。

This is Yuki.

こちらはユキです。

She is a comedian.

彼女はコメディアンです。

He can bake bread.

彼はパンを焼くことができます。

聞く 話す 読む 書く

英語で「スズキ先生」は、Teacher Suzuki や Suzuki Teacher とは言わないよ。男性（だんせい）には Mr.［ミスタァ］、女性（じょせい）には Ms.［ミズ］などをつけて、Mr. Suzuki や Ms. Suzuki と言うよ。

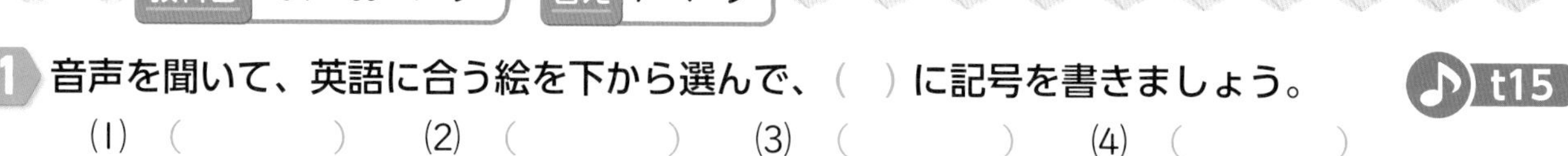

1 音声を聞いて、英語に合う絵を下から選んで、（ ）に記号を書きましょう。 t15

(1)（　　） (2)（　　） (3)（　　） (4)（　　）

ア

イ

ウ

エ

2 音声を聞いて、それぞれができることを下から選んで、（ ）に記号を書きましょう。 t16

(1)

Nana

（　　）

(2)

Ren

（　　）

(3)

Sora

（　　）

ア テニスをする　イ ピアノを演奏(えんそう)する　ウ じょうずにおどる

エ パンを焼く　オ 速く走る

勉強した日　月　日

She can bake cookies. ①

得点　/50点

教科書　64〜69 ページ　答え　8 ページ　時間 20 分

1 日本語の意味を表す英語を線で結びましょう。　1つ5点〔20点〕

(1) 警察官（けいさつかん）	・	・ nurse
(2) 獣医（じゅうい）	・	・ police officer
(3) 看護師（かんごし）	・	・ baker
(4) パン職人（しょくにん）	・	・ vet

2 日本語の意味を表す英語の文を［　］から選んで、＿＿に書きましょう。　1つ10点〔30点〕

(1) こちらは伊藤（いとう）さんです。

(2) 彼女（かのじょ）は花屋さんの店員です。

(3) 彼（かれ）は速く走ることができます。

She is Ms. Ito. / This is Ms. Ito.
She is a florist. / He can run fast.

Lesson 5

勉強した日　　月　　日

学習の目標

得意(とくい)なことを英語で言えるようになりましょう。

音声

She can bake cookies. ② — 1

基本のワーク

教科書　70〜75 ページ

得意なことを表すことばを覚えよう！

✪ リズムに合わせて、声に出して言いましょう。　言えたらチェック □□□

a33

□ singing
歌うこと

□ swimming
水泳

□ cooking
料理をすること

□ dancing
おどること

□ fishing
魚つり

□ playing soccer
サッカーをすること

□ playing basketball
バスケットボールをすること

□ playing the piano
ピアノを演奏(えんそう)すること

□ playing the guitar
ギターを演奏すること

ワードボックス

a34

□ skiing　スキー
□ table tennis　卓球(たっきゅう)
□ dodgeball　ドッジボール
□ violin(s)　バイオリン
□ gymnastics　体操競技(たいそうきょうぎ)
□ castanets　カスタネット

ことば解説

動作を表すことばのあとに ing をつけると、「〜すること」という意味になります。

例 sing（歌う）→ singing（歌うこと）、cook（料理をする）→ cooking（料理をすること）

書いて練習のワーク

✪読みながらなぞって、1～2回書きましょう。

singing

歌うこと

swimming

水泳

cooking

料理をすること

dancing

おどること

fishing

魚つり

playing soccer

サッカーをすること

playing basketball

バスケットボールをすること

playing the piano

ピアノを演奏すること

playing the guitar

ギターを演奏すること

ピアノ、ギター、リコーダーなど、「楽器」のことを musical instrument［ミューズィカル インストゥルメント］と言うよ。

She can bake cookies. ②— 2

基本のワーク

学習の目標 自分や人が得意なことを英語で言えるようになりましょう。

♪a35 教科書 70〜75ページ

1 自分が得意なことの言い方

言えたらチェック

✿「わたしは〜が得意です」は I'm good at 〜. と言います。
✿「〜」に動作を表すことばを入れるときは、最後に ing をつけた形にします。

声に出して言ってみよう □に入ることばを入れかえて言いましょう。
I'm good at running.
singing
dancing

表現べんり帳
「わたしは〜が得意です」は I'm good at 〜.、「あなたは〜が得意です」は You are good at 〜. と言います。

2 人が得意なことの言い方

✿「彼［彼女］は〜が得意です」は He[She] is good at 〜. と言います。
✿「〜」に動作を表すことばを入れるときは、最後に ing をつけた形にします。

声に出して言ってみよう □に入ることばを入れかえて言いましょう。
He is good at playing baseball.
playing dodgeball
playing the violin

ちょこっとプラス
play には「(スポーツ)をする」「(楽器)を演奏する」「遊ぶ」などの意味があります。楽器名の前には the がつくことに注意しましょう。

ing のつけ方には、①そのままつけるもの（play → playing）、②最後の e をとってつけるもの（bake → baking）、③最後の文字を重ねるもの（swim → swimming）があります。

書いて練習のワーク

✪読みながらなぞって、もう１回書きましょう。

I'm good at running.

わたしは走ることが得意です。

I'm good at singing.

わたしは歌うことが得意です。

He is good at playing baseball.

彼は野球をすることが得意です。

He is good at playing the violin.

彼はバイオリンを演奏することが得意です。

do judo や do kendo のように、play ではなく do を使うスポーツには、体操（たいそう）、空手（からて）、レスリング、ボクシングなどがあるよ。

勉強した日　月　日

学習の目標

得意(とくい)かどうかを英語で聞けるようになりましょう。

音声

She can bake cookies. ② — 3

基本のワーク

♪ a36　教科書　70～75 ページ

1 得意かどうかのたずね方

言えたらチェック

✿「あなたは～が得意ですか」は Are you good at ～? と言います。

声に出して言ってみよう　□に入ることばを入れかえて言いましょう。

たずね方 Are you good at fishing?
・cooking　・table tennis

表現(ひょうげん)べんり帳

good at のうしろには、ing の形のことばだけでなく、スポーツや教科などを表すことばも置くことができます。

例 Are you good at tennis?
　Are you good at math?

2 得意かどうかの答え方

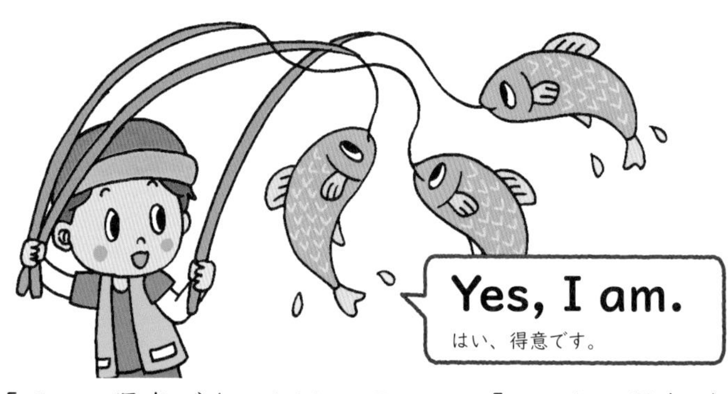

✿「はい、得意です」は Yes, I am.、「いいえ、得意ではありません」は No, I'm not. と言います。

声に出して言ってみよう　次の英語を言いましょう。

No, I'm not.

ちょこっとプラス

No, I'm not. の I'm は I am を短くした形です。ただし、Yes, I am. は Yes, I'm. とは言わないので、注意しましょう。

ステップアップ

「わたしは～が得意ではありません」は I'm not good at ～. と言います。

例 I'm not good at sports.（わたしはスポーツが得意ではありません）

書いて練習のワーク

✪ 読みながらなぞって、もう1回書きましょう。

Are you good at fishing?

あなたは魚つりが得意ですか。

Are you good at cooking?

あなたは料理をすることが得意ですか。

Are you good at table tennis?

あなたは卓球(たっきゅう)が得意ですか。

Yes, I am.

はい、得意です。

No, I'm not.

いいえ、得意ではありません。

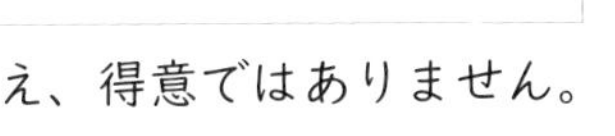

相手が得意なことなどを聞いて、「すごいね！」と言いたいときは、Great! [グレイト]、Cool! [クール]、Excellent! [エクセレント]、Amazing! [アメイズィング] などと言えばいいよ。

教科書 70〜75ページ　答え 8ページ

勉強した日　月　日

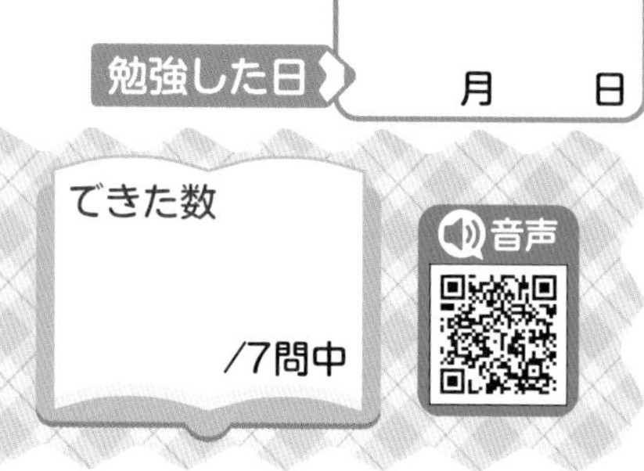

1 音声を聞いて、英語に合う絵を下から選んで、(　)に記号を書きましょう。 t17

(1) (　　　)　(2) (　　　)　(3) (　　　)　(4) (　　　)

ア

イ

ウ

エ

2 音声を聞いて、それぞれの得意(とくい)なことを下から選んで、(　)に記号を書きましょう。 t18

	名　前	得意なこと
(1)	Kaho	(　　　)
(2)	Taku	(　　　)
(3)	Ryota	(　　　)

ア 体操競技(たいそうきょうぎ)　イ 料理をすること

ウ スキー　エ カスタネットを演奏(えんそう)すること

オ ドッジボールをすること

まとめのテスト

She can bake cookies. ②

勉強した日　月　日

得点　/50点

時間 20分

教科書 70〜75ページ　答え 8ページ

1 日本語の意味になるように[ ]から選んで、＿＿に英語を書きましょう。　1つ8点〔32点〕

(1) わたしは走ることが得意です。

I'm good at ＿＿＿＿＿＿＿＿.

(2) 彼（かれ）は野球をすることが得意です。

He is good at ＿＿＿＿＿＿＿＿.

(3) 彼女（かのじょ）はバイオリンを演奏することが得意です。

She is good at ＿＿＿＿＿＿＿＿.

(4) わたしは歌うことが得意です。

I'm good at ＿＿＿＿＿＿＿＿.

playing baseball / singing
running / playing the violin

2 次のエミの書いたメモを見て、エミになったつもりで質問（しつもん）に合う答えの文を[ ]から選んで、＿＿に書きましょう。　1つ9点〔18点〕

(1) Are you good at swimming?

＿＿＿＿＿＿＿＿

(2) Are you good at playing table tennis?

＿＿＿＿＿＿＿＿

エミ
【得意なこと】
・卓球（たっきゅう）をすること
・おどること
【苦手なこと】
・水泳

Yes, I am. / No, I'm not.

聞く　話す　読む　書く

一日の生活

音声

教科書　76～77 ページ

✪ 音声を聞いて、一日の動作を表す英語を学習しましょう。　♪ a37

一日の動作を表すことば

get up

起きる

eat breakfast

朝食を食べる

walk my dog

イヌの散歩をする

go to school

学校へ行く

play soccer

サッカーをする

eat lunch

昼食を食べる

get home

家に帰る

do my homework

宿題をする

eat dinner

夕食を食べる

watch TV

テレビを見る

go to bed

ねる

絵を見ながら動作を表すことばを覚えよう！

✪ 読みながらなぞりましょう。

get up

起きる

eat breakfast

朝食を食べる

walk my dog

イヌの散歩をする

go to school

学校へ行く

play soccer

サッカーをする

eat lunch

昼食を食べる

get home

家に帰る

do my homework

宿題をする

eat dinner

夕食を食べる

watch TV

テレビを見る

go to bed

ねる

聞く 話す 読む 書く

2 ふだん、何時にどんなことをするかの表現

「何時に」　動作を表すことば

たずね方 **What time** do you **eat breakfast** ?

あなたは何時に朝食を食べますか。

時刻

答え方 I eat breakfast at **7:00** .

わたしは7時に朝食を食べます。

時刻の前にはatを置くよ。

「何時に」　動作を表すことば

たずね方 **What time** do you **go to bed** ?

あなたは何時にねますか。

時刻

答え方 I go to bed at **9:00** .

わたしは9時にねます。

「何を」　曜日

たずね方 **What** do you do on **Saturdays** ?

あなたは土曜日に何をしますか。

何をするか

答え方 I **walk my dog** on Saturdays.

わたしは土曜日にイヌの散歩をします。

曜日の前にはonを置くよ。

✪ 読みながらなぞりましょう。

What time do you eat breakfast?

あなたは何時に朝食を食べますか。

I eat breakfast at 7:00.

わたしは７時に朝食を食べます。

What time do you go to bed?

あなたは何時にねますか。

I go to bed at 9:00.

わたしは９時にねます。

What do you do on Saturdays?

あなたは土曜日に何をしますか。

I walk my dog on Saturdays.

わたしは土曜日にイヌの散歩をします。

勉強した日　　月　　日

リーディングレッスン

教科書 78ページ　答え 9ページ

✪ 次の英語の文章を３回読みましょう。　✓言えたらチェック □□□

A robot!

Hello!

Wow! You can speak English!

Yes. I can speak English.

Great! My name is Ken.

My name is Pam.

This is your ball. Here you are, Ken.

robot：ロボット　speak：話す　this：これは　your：あなたの　ball：ボール　Here you are.：どうぞ。

Question

できた数
/4問中

文章の内容（ないよう）について、次の質問（しつもん）に答えましょう。

(1) 少年の名前、ロボットの名前をそれぞれ英語で ＿＿ に書きましょう。

①少年

②ロボット

(2) ロボットができることは何ですか。下から選んで（　）に記号を書きましょう。

ア　速く走る
イ　じょうずに歌う
ウ　英語を話す

（　　　）

(3) ロボットがケンに差し出したものを表す絵を下から選んで、（　）に記号を書きましょう。

ア

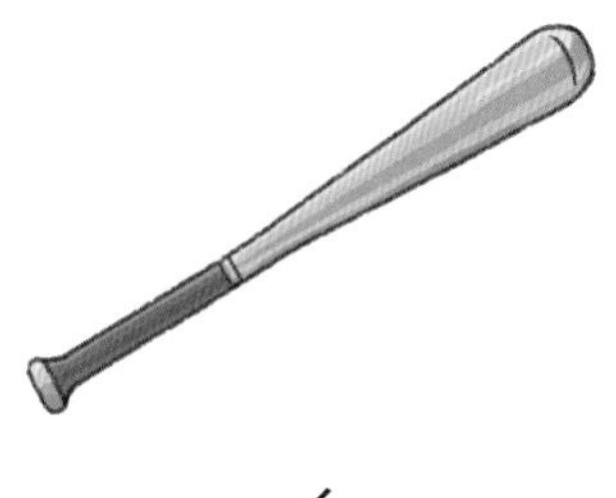

イ

ウ

（　　　）

英文をなぞって書きましょう。

You can speak English.
I can speak English.
Here you are.

聞く
話す
読む
書く

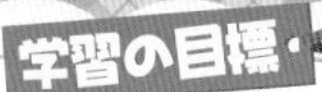

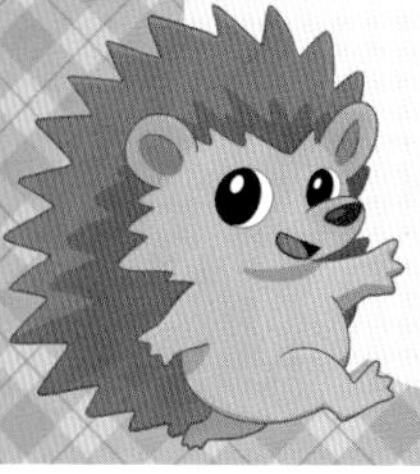

It is in Fukui. ① — 1
基本のワーク

学習の目標
身の回りのものを英語で言えるようになりましょう。

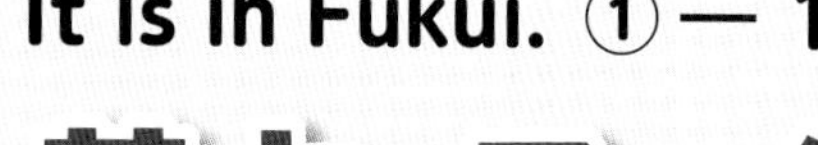

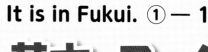

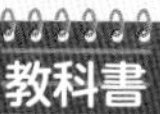

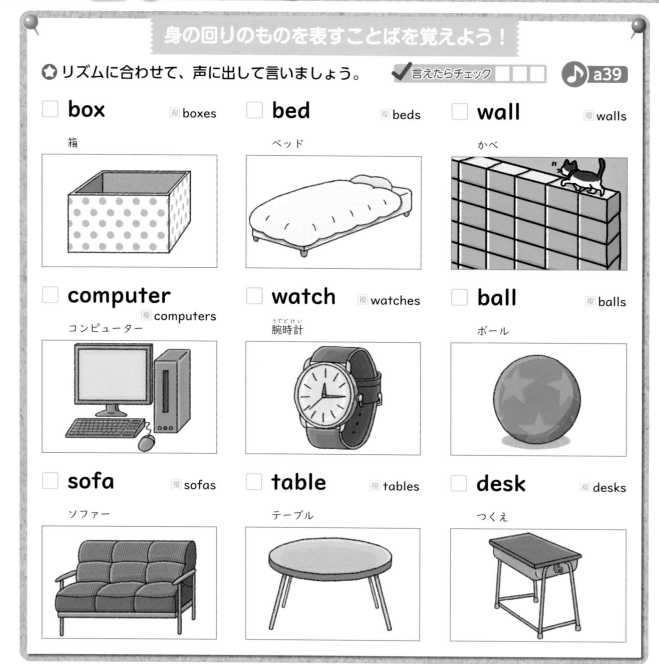

音声

教科書 82〜85 ページ

身の回りのものを表すことばを覚えよう！

✪ リズムに合わせて、声に出して言いましょう。　言えたらチェック □□□　a39

□ **box**　複 boxes
箱

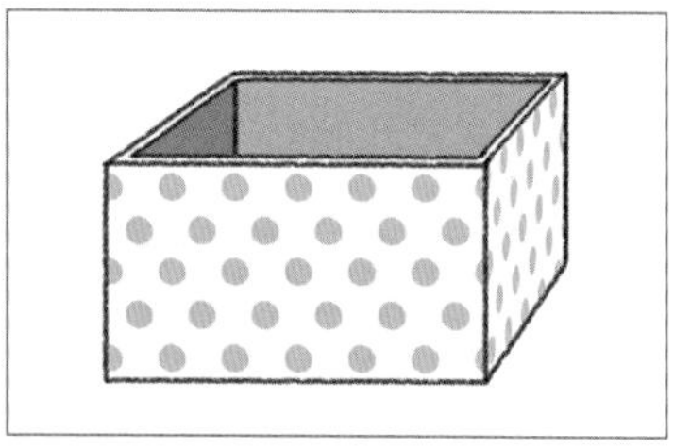

□ **bed**　複 beds
ベッド

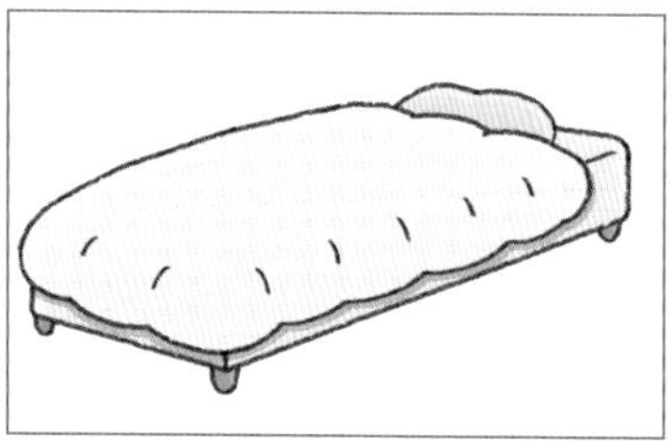

□ **wall**　複 walls
かべ

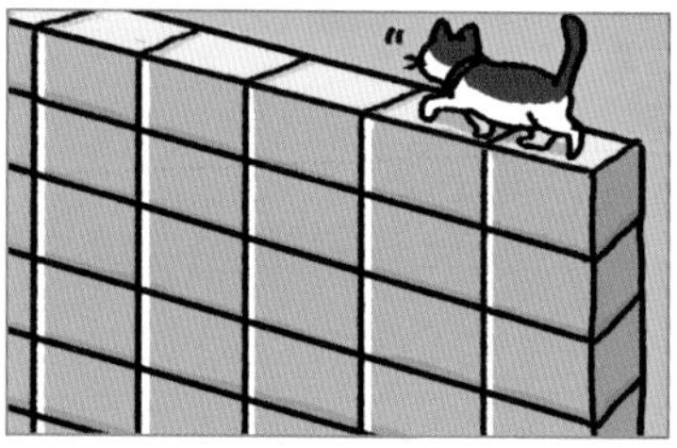

□ **computer**　複 computers
コンピューター

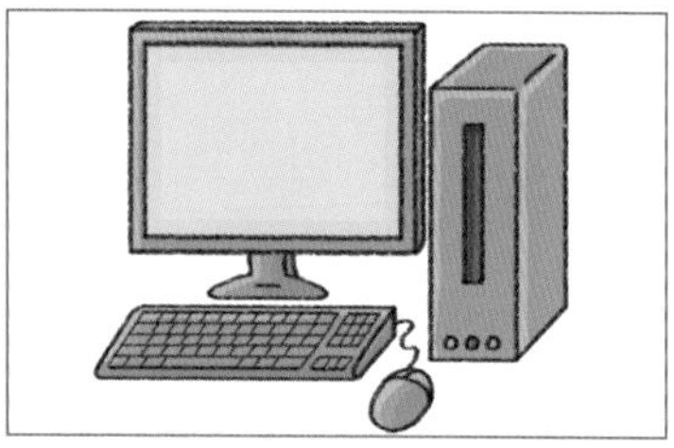

□ **watch**　複 watches
腕時計（うでどけい）

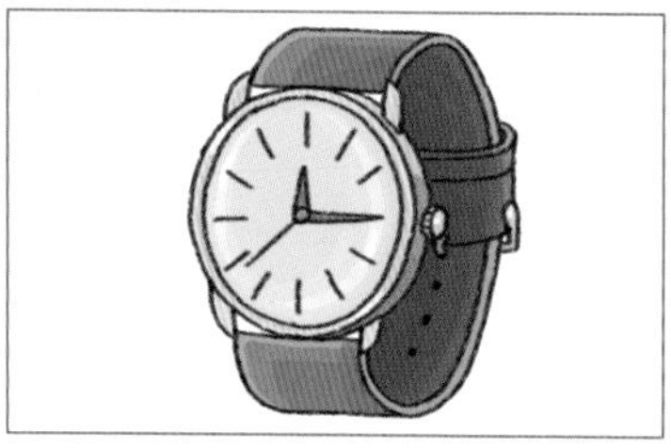

□ **ball**　複 balls
ボール

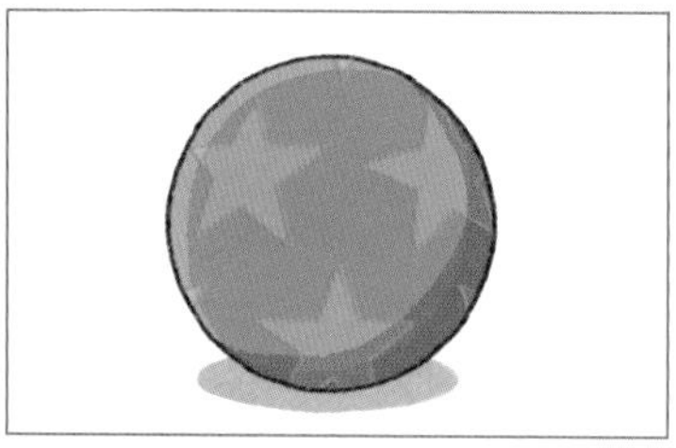

□ **sofa**　複 sofas
ソファー

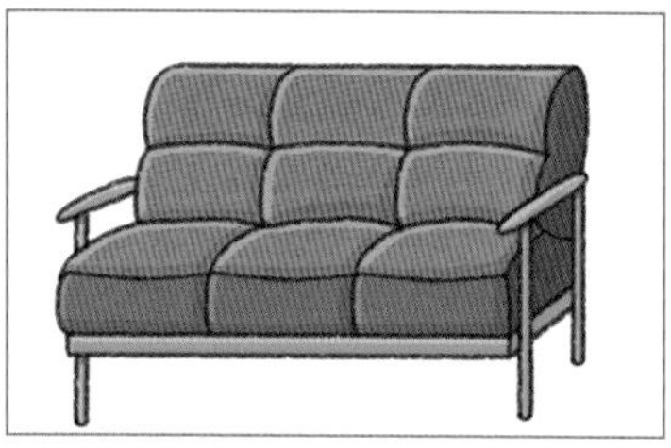

□ **table**　複 tables
テーブル

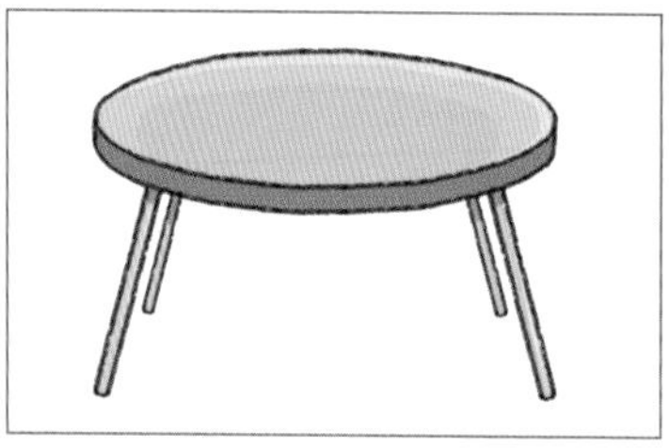

□ **desk**　複 desks
つくえ

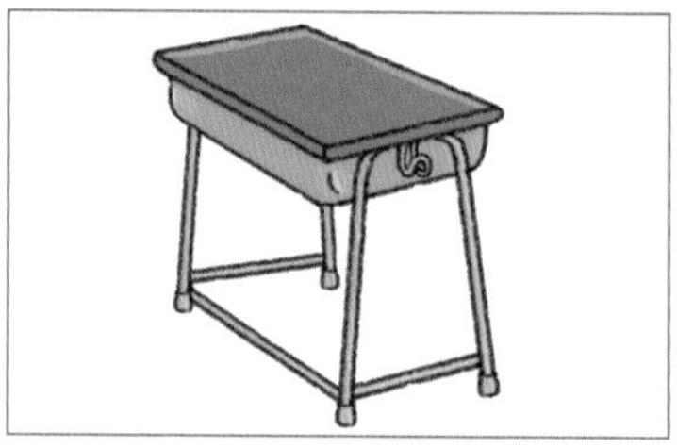

Word ワードボックス　a40

□ cap(s)　[ふちのない] ぼうし
□ uniform(s)　ユニフォーム
□ on　上に
□ T-shirt(s)　Tシャツ
□ window(s)　窓（まど）
□ by　そばに
□ recorder(s)　リコーダー
□ in　中に
□ under　下に

ことば解説

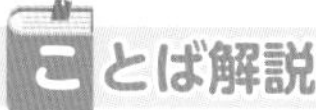

on は何かに接（せっ）していることを表します。絵がかべにかかっているときなど、何かの上にのっているとき以外にも使えます。例 on the desk（つくえの上に）、on the wall（かべに）

複…複数形（ふくすうけい）

英語カード 29 〜 38 、99 〜 117

✪ 読みながらなぞって、1～3回書きましょう。

box

箱

bed

ベッド

wall

かべ

computer

コンピューター

watch

腕時計

ball

ボール

sofa

ソファー

table

テーブル

desk

つくえ

desk は勉強や事務用のつくえのことで、ふつう引き出しがついているものをさすよ。食事や作業をするときなどに使用するものは table と言うよ。

Lesson 6 勉強した日 月 日

It is in Fukui. ① — 2
基本のワーク

学習の目標 ものがある場所について英語で言えるようになりましょう。

音声

♪ a41 教科書 82〜85ページ

1 ものがある場所のたずね方

言えたらチェック

✿「わたしの〜はどこにありますか［いますか］」は **Where is my 〜?** と言います。

声に出して言ってみよう □に入ることばを入れかえて言いましょう。

たずね方 Where is my ball ?
cap
computer
watch

ちょこっとプラス
where は「どこに」という意味で、場所をたずねるときに使います。

2 ものがある場所の答え方

✿「それは〜にあります」は **It is 〜.** と言います。

✿場所を答えるときは、ものを表すことばの前に **on**（上に）、**in**（中に）、**under**（下に）、**by**（そばに）のような場所を表すことばを置きます。

声に出して言ってみよう □に入ることばを入れかえて言いましょう。

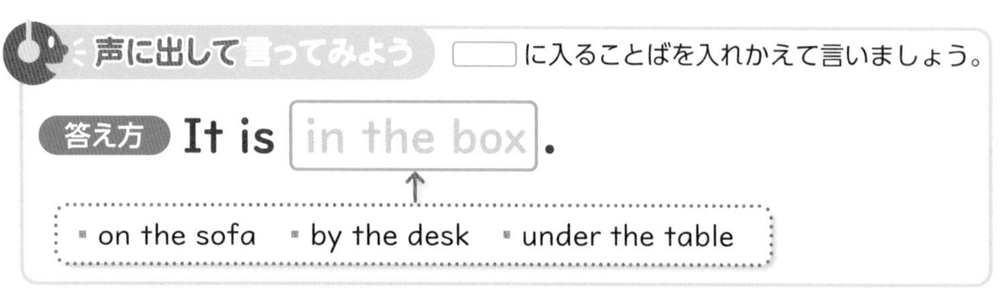

答え方 It is in the box .
on the sofa
by the desk
under the table

表現べんり帳
ものを表すことばで文を始めることもできます。
例 The chair is by the desk.
いすはつくえのそばにあります。

2つ以上のものについて場所をたずねるときは、Where are 〜? と言います。答えるときは、They［ゼイ］are 〜.（それらは〜にあります）を使います。

書いて練習のワーク

✪ 読みながらなぞって、もう１回書きましょう。

Where is my ball?

わたしのボールはどこにありますか。

Where is my cap?

わたしのぼうしはどこにありますか。

It is in the box.

それは箱の中にあります。

It is on the sofa.

それはソファーの上にあります。

It is by the desk.

それはつくえのそばにあります。

hat は「ふちのあるぼうし」のことなので、麦わらぼうしやシルクハットなどをさすよ。cap は「ふちのないぼうし」のことなので、ニットぼう、野球ぼうなどをさすよ。

勉強した日 月 日
できた数
/8問中
音声

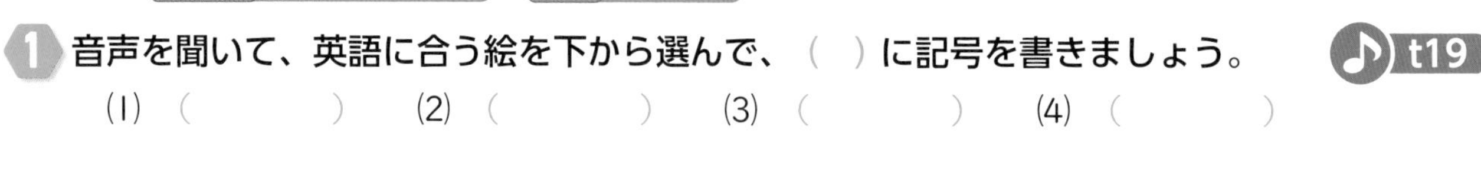

1 音声を聞いて、英語に合う絵を下から選んで、（　）に記号を書きましょう。 t19

(1)（　　　）　(2)（　　　）　(3)（　　　）　(4)（　　　）

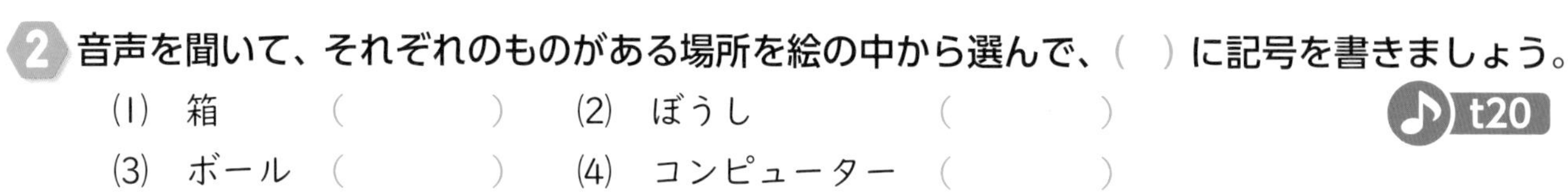

2 音声を聞いて、それぞれのものがある場所を絵の中から選んで、（　）に記号を書きましょう。 t20

(1) 箱（　　　）　(2) ぼうし（　　　）

(3) ボール（　　　）　(4) コンピューター（　　　）

まとめのテスト

It is in Fukui. ①

勉強した日　月　日

得点　/50点

時間 20分

教科書 82～85ページ　答え 9ページ

1 日本語の意味になるように［　］から選んで、＿＿に英語を書きましょう。文の最初にくることばは大文字で書き始めましょう。　1つ8点〔32点〕

(1) わたしのユニフォームはどこにありますか。

＿＿＿＿ is my uniform?

(2) [(1)に答えて] それは箱の中にあります。

It is ＿＿＿＿ the box.

(3) わたしの腕時計（うでどけい）はどこにありますか。

Where is my ＿＿＿＿ ?

(4) [(3)に答えて] それはテーブルのそばにあります。

It is ＿＿＿＿ the table.

in / by / where
what / watch / wall

2 日本語の意味を表す英語の文を［　］から選んで、＿＿に書きましょう。　1つ9点〔18点〕

(1) わたしのリコーダーはどこにありますか。

＿＿＿＿＿＿＿＿

(2) [(1)に答えて] それはつくえの下にあります。

＿＿＿＿＿＿＿＿

Where is my recorder? / It is under the desk.
What is my recorder? / It is on the desk.

聞く　話す　読む　書く

月　日

It is in Fukui. ② — 1

基本のワーク

学習の目標
状態(じょうたい)を表すことばを英語で言えるようになりましょう。

86〜91 ページ

状態を表すことばを覚えよう！

✪ リズムに合わせて、声に出して言いましょう。

a42

□ **beautiful**
美しい

□ **interesting**
興味(きょうみ)深い

□ **cute**
かわいい

□ **delicious**
おいしい

□ **funny**
おもしろい

□ **nice**
すてきな

□ **big**
大きい

□ **exciting**
わくわくさせる

□ **fun**
楽しいこと

Word ワードボックス

a43

□ eat 食べる
□ fishing 魚つり
□ museum(s) 博物館、美術館(びじゅつかん)
□ crab(s) カニ
□ mango(es / s) マンゴー
□ see 見る、見える
□ baseball stadium(s) 野球場
□ beach(es) ビーチ
□ shrimp(s) エビ
□ peach(es) モモ
□ enjoy 楽しむ
□ castle(s) 城
□ river(s) 川
□ grape(s) ブドウ
□ watermelon(s) スイカ

英語カード 118〜123

勉強した日　　月　　日

書いて練習のワーク

✪ 読みながらなぞって、1～3回書きましょう。

beautiful

美しい

interesting

興味深い

cute

かわいい

delicious

おいしい

funny

おもしろい

nice

すてきな

big

大きい

exciting

わくわくさせる

fun

楽しいこと

「おいしい」は delicious のほかに、tasty［テイスティ］ということばでも表せるよ。よりくだけた場面では、yummy［ヤミィ］と言うこともできるよ。

勉強した日　月　日

It is in Fukui. ② — 2

基本のワーク

学習の目標
名所がある場所について英語で言えるようになりましょう。

音声

♪ a44　教科書 86〜91 ページ

1 名所がある場所のたずね方

言えたらチェック

✿「〜はどこにありますか」は Where is 〜? と言います。

声に出して言ってみよう
に入ることばを入れかえて言いましょう。
たずね方 Where is Nagoya Castle ?
Lake Biwa
Mt. Aso

表現べんり帳

山、湖、城などの名前の表し方をおぼえましょう。

例 山：Mt. Fuji
湖：Lake Towada
城：Edo Castle

2 名所がある場所の答え方

言えたらチェック

✿「それは〜にあります」は It is in 〜. と言います。

✿ in は「〜に」という意味で、あとには地名を表すことばなどを続けます。

ちょこっとプラス

Osaka、Tokyo などの地名を表すことばは、文の途中でも最初の文字を必ず大文字で書きます。

人について「〜はどこにいますか」とたずねるときは、Where is Takumi?（タクミはどこにいますか）のように言います。答えるときは、He is in the library.（彼は図書館にいます）のように言います。

✪ 読みながらなぞって、もう１回書きましょう。

Where is Nagoya Castle?

名古屋城はどこにありますか。

Where is Lake Biwa?

琵琶湖(びわこ)はどこにありますか。

Where is Mt. Aso?

阿蘇山(あそさん)はどこにありますか。

It is in Aichi.

それは愛知にあります。

It is in Shiga.

それは滋賀にあります。

It is in Kumamoto.

それは熊本にあります。

聞く 話す 読む 書く

「市、都市」は city［スィティ］、「県」は prefecture［プリーフェクチャ］と言うよ。

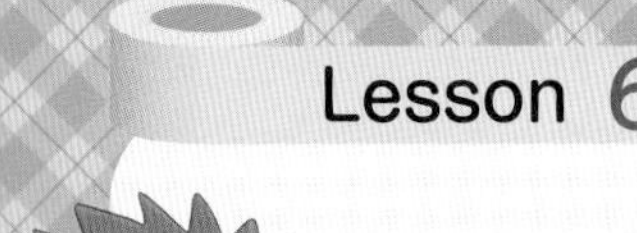

It is in Fukui. ② — 3

基本のワーク

学習の目標
その場所でできることについて英語で言えるようになりましょう。

♪a45 教科書 86〜91ページ

1 その都道府県でできることの言い方

言えたらチェック

✿「〜では（あなたは）…することができます」は In 〜, you can …. と言います。

✿「〜」には地名を表すことば、「…」には動作を表すことばを入れます。

声に出して言ってみよう □に入ることばを入れかえて言いましょう。

in〈場所〉は「(場所)では」という意味です。inには「〜の中に」という意味もあります。(→ p.90)

2 どのようなものであるかの言い方

言えたらチェック

✿「(あなたは) 〜することができます」は You can 〜. と言います。

✿「それは〜です」は It is 〜. と言います。

声に出して言ってみよう □に入ることばを入れかえて言いましょう。

You can see Mt. Fuji . It is beautiful .
see Osaka Castle
eat crab
exciting
delicious

表現べんり帳

相手の話を聞いて「(それは) よさそうだね」「いいね」と言うときは、Sounds［サウンヅ］nice! などと言います。

ステップアップ Mt. Fuji の Mt. は［マウント］と読みます。mountain［マウンテン］の略で、「山」という意味です。Mt. の M は文の途中でも必ず大文字で書きます。

✪ 読みながらなぞって、もう１回書きましょう。

In Yamanashi, you can eat grapes.

山梨では、ブドウを食べることができます。

In Fukui, you can enjoy fishing.

福井では、魚つりを楽しむことができます。

You can see Mt. Fuji.

富士山を見ることができます。

You can eat crab.

カニを食べることができます。

It is beautiful.

それは美しいです。

It is delicious.

それはおいしいです。

grape は「ブドウ」という意味だけど、これは１つ１つのつぶをさすよ。ふさになっているブドウは、つぶがたくさん集まっているから grapes と複数形(ふくすうけい)で表すよ。

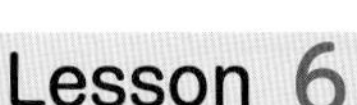
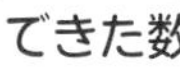

勉強した日　月　日

Lesson 6 聞いて練習のワーク

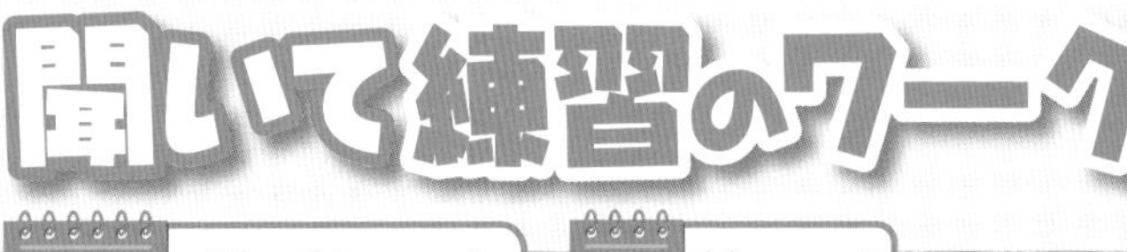

できた数　/7問中

音声

教科書 86〜91ページ　答え 10ページ

1 音声を聞いて、英語に合う絵を下から選んで、(　)に記号を書きましょう。 t21

(1) (　　) (2) (　　) (3) (　　) (4) (　　)

ア　大きい

イ　おもしろい

ウ　おいしい

エ　美しい

2 音声を聞いて、それぞれの場所がある都道府県とそこでできることを下から１つずつ選んで、(　)に記号を書きましょう。 t22

		都道府県	できること
(1)	姫路城（ひめじじょう）	(　　)	(　　)
(2)	阿蘇山（あそさん）	(　　)	(　　)
(3)	十和田湖（とわだこ）	(　　)	(　　)

ア 長野県　イ 兵庫県　ウ 青森県

エ 熊本県　オ 青森ねぶた祭を楽しむ　カ スイカを食べる

キ カニを食べる　ク 魚つりを楽しむ

まとめのテスト

It is in Fukui. ②

得点 /50点

時間 20分

教科書 86〜91 ページ　答え 10 ページ

1 日本語の意味になるように [ ] から選んで、＿＿ に英語を書きましょう。文の最初にくることばは大文字で書き始めましょう。 1つ8点〔32点〕

(1) 琵琶湖（びわこ）はどこにありますか。

＿＿＿＿ is Lake Biwa?

(2) [(1)に答えて] それは滋賀にあります。

It is ＿＿＿＿ Shiga.

(3) 祇園祭（ぎおんまつり）を楽しむことができます。

You can ＿＿＿＿ Gion Festival.

(4) [(3)に続けて] それは興味（きょうみ）深いです。

It is ＿＿＿＿ .

in / funny / where / interesting / enjoy / eat

2 日本語の意味を表す英語の文を [ ] から選んで、＿＿ に書きましょう。 1つ9点〔18点〕

(1) 富士山（ふじさん）はどこにありますか。

＿＿＿＿＿＿＿＿

(2) モモを食べることができます。

＿＿＿＿＿＿＿＿

You can see Mt. Fuji. / You can eat peaches.
Where is Mt. Fuji? / Where is Osaka Castle?

聞く　話す　読む　書く

勉強した日　　月　　日

I want to go to Kenya. ① — 1
基本のワーク

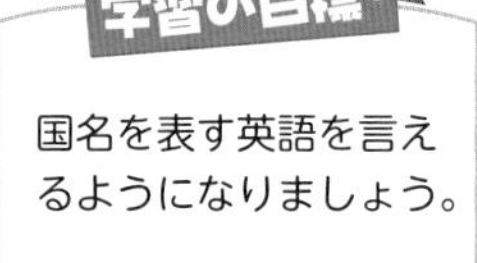

学習の目標

国名を表す英語を言えるようになりましょう。

音声

教科書 94～99 ページ

国名を表すことばを覚えよう！

✪ リズムに合わせて、声に出して言いましょう。　言えたらチェック

a46

□ **Australia**
オーストラリア

□ **China**
中国

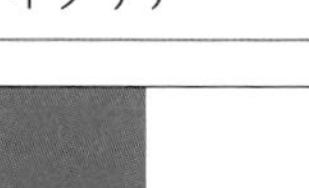

□ **Italy**
イタリア

□ **Kenya**
ケニア

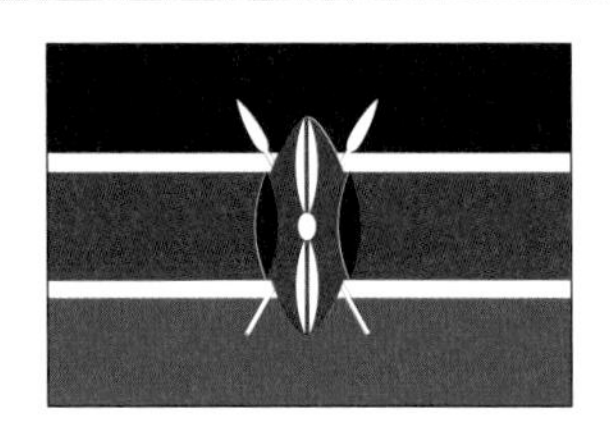

□ **Spain**
スペイン

□ **Brazil**
ブラジル

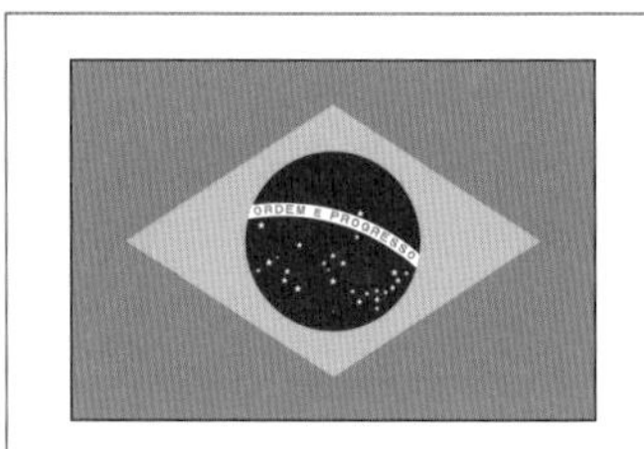

□ **Canada**
カナダ

□ **Japan**
日本

□ **France**
フランス

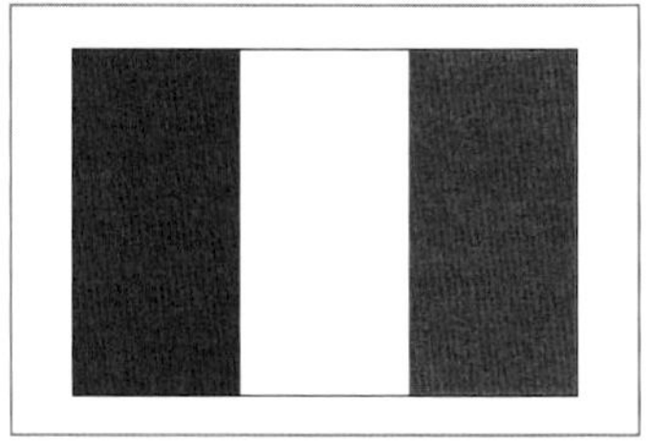

ワードボックス

a47

□ Russia ロシア　□ Germany ドイツ　□ the UK イギリス　□ India インド
□ Egypt エジプト　□ the USA アメリカ　□ South Korea 韓国

ことば解説

国名や地名を表すことばは、文の中のどこであっても大文字で始めます。人名や曜日、月を表すことばも大文字で始めます。

書いて練習のワーク

✪ 読みながらなぞって、1～2回書きましょう。

Australia

オーストラリア

China

中国

Italy

イタリア

Kenya

ケニア

Spain

スペイン

Brazil

ブラジル

Canada

カナダ

Japan

日本

France

フランス

the UK（イギリス）は the United Kingdom［ザ ユーナイティド キングダム］を、the USA（アメリカ）は the United States of America［ザ ユーナイティド ステイツ オヴ アメリカ］を短くした言い方だよ。

勉強した日　月　日

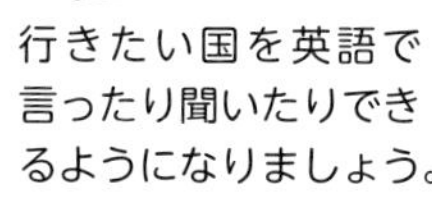

学習の目標
行きたい国を英語で言ったり聞いたりできるようになりましょう。

音声

I want to go to Kenya. ① — 2
基本のワーク

a48　教科書 94～97 ページ

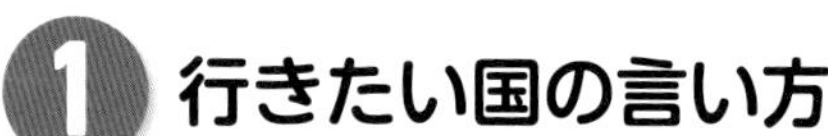

1 行きたい国の言い方

言えたらチェック

I want to go to Spain.
わたしはスペインに行きたいです。

✿「わたしは～に行きたいです」は **I want to go to ～.** と言います。

声に出して言ってみよう　□ に入ることばを入れかえて言いましょう。

I want to go to Spain **.**

- India
- France
- Russia
- Egypt

ちょこっとプラス

want to ～ は「～したい」という意味です。

例 I want to play soccer.
わたしはサッカーをしたいです。

2 行きたい国のたずね方と答え方

言えたらチェック

Where do you want to go?
あなたはどこに行きたいですか。
I want to go to China.
わたしは中国に行きたいです。

✿「あなたはどこに行きたいですか」は **Where do you want to go?** と言います。

✿答えるときは、**I want to go to ～.**（わたしは～に行きたいです）と言います。

声に出して言ってみよう　□ に入ることばを入れかえて言いましょう。

たずね方 **Where do you want to go?**

答え方 **I want to go to** China **.**

- Italy
- Brazil
- the USA

思い出そう

whereは「どこに」という意味です。場所についてたずねるときに使います。

例 Where is my bag?
わたしのかばんはどこにありますか。(→ p.90)

ステップアップ

I want to go to のあとに施設(しせつ)を表すことばを入れて、行きたい場所を言うこともできます。

例 I want to go to the park.（わたしは公園に行きたいです）

書いて練習のワーク

読みながらなぞって、もう1回書きましょう。

I want to go to Spain.

わたしはスペインに行きたいです。

I want to go to India.

わたしはインドに行きたいです。

Where do you want to go?

あなたはどこに行きたいですか。

I want to go to China.

わたしは中国に行きたいです。

I want to go to Italy.

わたしはイタリアに行きたいです。

会話では、want to を短くして wanna［ワナ］と言うことがあるよ。書きことばで使うことは少ないよ。

例 I want to go to France. → I wanna go to France.（わたしはフランスに行きたいです）

1 音声を聞いて、英語に合う絵を下から選んで、(　)に記号を書きましょう。 t23

(1) (　　) (2) (　　) (3) (　　) (4) (　　)

ア イ

ウ エ

2 音声を聞いて、それぞれの行きたい国を、(　)に日本語で書きましょう。 t24

	名　前	行きたい国
(1)	Judy	(　　　　)
(2)	Ken	(　　　　)
(3)	Tim	(　　　　)

まとめのテスト

I want to go to Kenya. ①

得点　/50点

時間 20分

教科書 94〜99 ページ　答え 11 ページ

1 日本語の意味を表す英語を［　］から選んで、＿＿に書きましょう。　1つ8点〔32点〕

(1) 日本

(2) 中国

(3) ドイツ

(4) アメリカ

the UK / the USA / Japan
India / China / Egypt / Germany

2 日本語の意味を表す英語の文を［　］から選んで、＿＿に書きましょう。　1つ9点〔18点〕

(1) あなたはどこに行きたいですか。

(2) わたしは韓国(かんこく)に行きたいです。

Where do you want to go?
What do you do?
I want to go to South Korea.
I want to go to Russia.

月　日

Lesson 7

I want to go to Kenya. ② — 1

基本のワーク

学習の目標

観光地でしたいことに関することばを英語で言えるようになりましょう。

98〜101 ページ

観光地でしたいことに関することばを覚えよう！

✪ リズムに合わせて、声に出して言いましょう。　言えたらチェック □□□　a49

□ **eat**
食べる

□ **drink**
飲む

□ **see**
見る、見える

□ **pizza**
ピザ

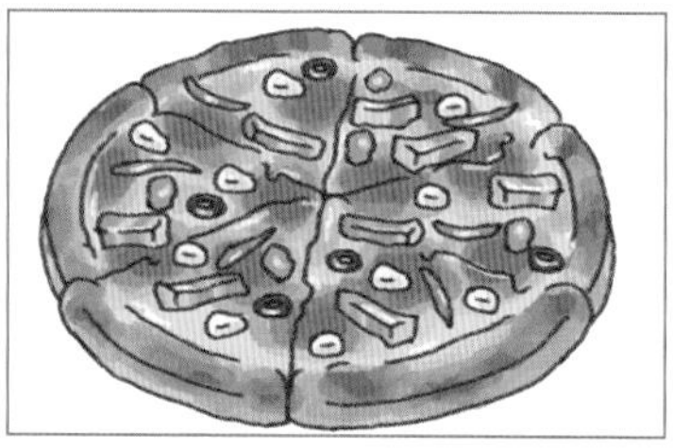

□ **sausage**　複 sausages
ソーセージ

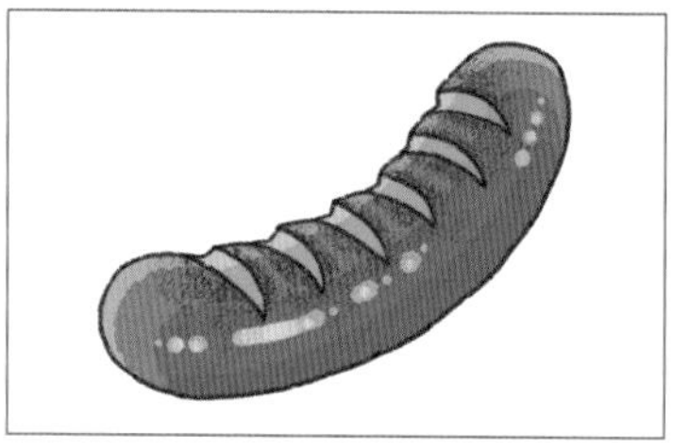

□ **hamburger**　複 hamburgers
ハンバーガー

□ **panda**　複 pandas
パンダ

□ **lion**　複 lions
ライオン

□ **koala**　複 koalas
コアラ

a50

□ enjoy　楽しむ	□ buy　買う	□ soccer game(s)　サッカーの試合
□ sea　海	□ beach(es)　ビーチ	□ the Pyramids　ピラミッド
□ the Colosseum　コロッセウム	□ the Great Wall　万里の長城	□ the Eiffel Tower　エッフェル塔

発音コーチ

see「見る、見える」と sea「海」は、ちがうことばですが発音は同じです（[スィー]）。ちがうことばで発音が同じものはほかに son「息子」と sun「太陽」（[サン]）などがあります。

複…複数形

書いて練習のワーク

✪ 読みながらなぞって、１～２回書きましょう。

eat

食べる

drink

飲む

see

見る、見える

pizza

ピザ

sausage

ソーセージ

hamburger

ハンバーガー

panda

パンダ

lion

ライオン

koala

コアラ

フライドポテトはアメリカ英語では French fries［フレンチフライズ］、イギリス英語では (potato)chips［(ポテイトウ) チップス］と言うよ。

勉強した日　月　日

I want to go to Kenya. ② — 2

基本のワーク

学習の目標
したいことを英語で聞いたり、言ったりできるようになりましょう。

♪a51　教科書 98～101 ページ

1 行きたい場所・したいことの言い方

言えたらチェック

I want to go to Italy. I want to eat pizza.
わたしはイタリアに行きたいです。わたしはピザを食べたいです。

✿「わたしは～に行きたいです」は I want to go to ～. と言います。
✿「わたしは～したいです」は I want to ～. と言います。

声に出して言ってみよう　□に入ることばを入れかえて言いましょう。

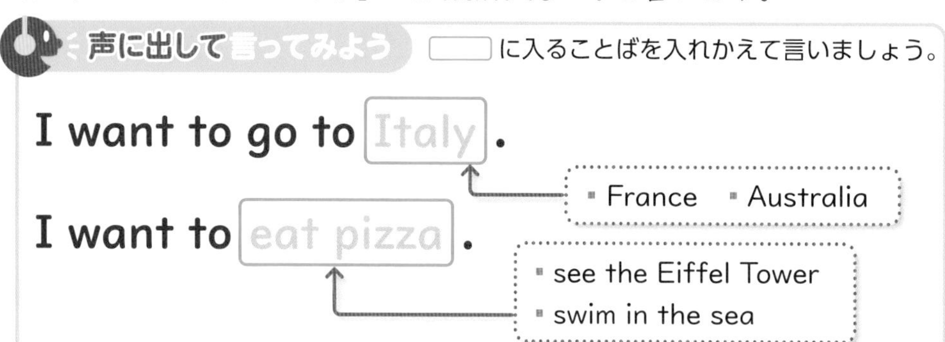

I want to go to Italy .
▪ France ▪ Australia
I want to eat pizza .
▪ see the Eiffel Tower
▪ swim in the sea

ちょこっとプラス
I want to ～. の代わりに I'd like to ～. と言うこともあります。よりていねいに言いたいときに使います。

2 その国でしたいことのたずね方と答え方

What do you want to do in Kenya?
あなたはケニアで何をしたいですか。

I want to see lions.
わたしはライオンを見たいです。

✿「あなたは～で何をしたいですか」は What do you want to do in ～? と言います。

声に出して言ってみよう　□に入ることばを入れかえて言いましょう。

たずね方 What do you want to do in Kenya ?
答え方 I want to see lions .
▪ watch soccer games ▪ eat sausages
▪ Brazil
▪ Germany

What do you do? は「あなたは何をしますか」(→p.42)、What do you want to do? は「あなたは何をしたいですか」という意味です。

英語で「食べる」や「飲む」と言うときは、eat や drink 以外に、have を使うこともできます。
例 have fish（魚を食べる）　have milk（牛乳を飲む）

書いて練習のワーク

✪ 読みながらなぞって、もう1回書きましょう。

I want to go to Italy.

わたしはイタリアに行きたいです。

I want to eat pizza.

わたしはピザを食べたいです。

I want to swim in the sea.

わたしは海で泳ぎたいです。

What do you want to do in Kenya?

あなたはケニアで何をしたいですか。

I want to see lions.

わたしはライオンを見たいです。

see は「見る、見える」という意味で、人やものが視界（しかい）に入ってくるイメージだよ。watch は「（注意して）～を見る」という意味で、動くものをじっと見つめるイメージだよ。

Lesson 7

聞いて練習のワーク

教科書 98～101 ページ　答え 12 ページ

1 音声を聞いて、それぞれが行きたい国を線で結びましょう。　t25

(1)

オーストラリア

(2)

中国

(3)

スペイン

2 音声を聞いて、それぞれがしたいことを［　　］から選んで、（　）に日本語で書きましょう。　t26

	名　前	したいこと
(1)	Yuki	（　　　　　　　　）こと
(2)	Taku	（　　　　　　　　）こと
(3)	Tim	（　　　　　　　　）こと
(4)	Lily	（　　　　　　　　）こと

サッカーの試合を見る　ライオンを見る　ピラミッドを見る
ピザを食べる　ハンバーガーを食べる　海を見る

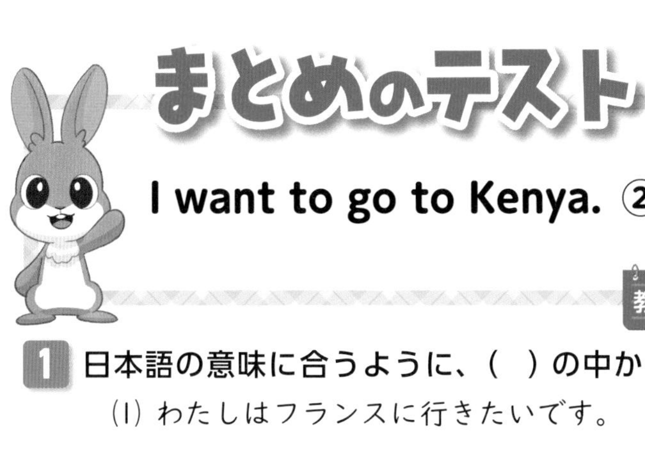

教科書 98〜101 ページ　答え 12 ページ　時間 20 分

1 日本語の意味に合うように、（ ）の中から正しいほうを選んで、□で囲(かこ)みましょう。

1つ5点〔20点〕

(1) わたしはフランスに行きたいです。

I want to go to (Kenya / France).

(2) [(1)に続けて] わたしはエッフェル塔(とう)を見たいです。

I want to (see / enjoy) the Eiffel Tower.

(3) あなたはアメリカで何をしたいですか。

What do you want to (do / go) in the USA?

(4) [(3)に答えて] わたしはハンバーガーを食べたいです。

I want to (drink / eat) hamburgers.

2 次のカズマの書いたメモを見て、カズマになったつもりで質問に対する答えを□から選んで、＿＿に書きましょう。

1つ15点〔30点〕

カズマ
【行きたい国】 カナダ　【したいこと】 海で泳ぐこと

(1) Where do you want to go?

(2) What do you want to do?

I want to swim in the sea. / I want to go to Canada.
I want to go to China. / I want to eat pizza.

勉強した日　月　日

ABC Fun Box 4

プラスワーク

教科書 102～103 ページ　答え 13 ページ

1 絵が表す単語の最初の文字を○で囲（かこ）みましょう。

(1)

(b　f)

(2)

(c　h)

それぞれの単語を声に出して言ってみよう！

2 2つの絵が表す単語に共通する最後の2文字を線で結びましょう。

(1)

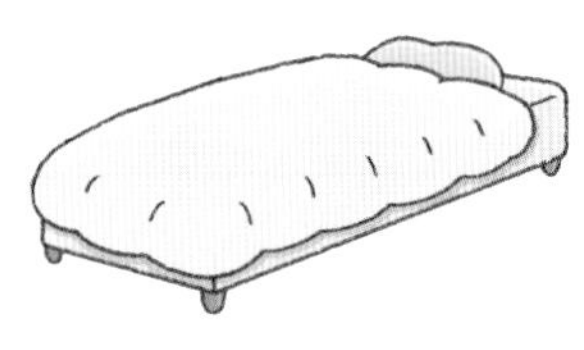

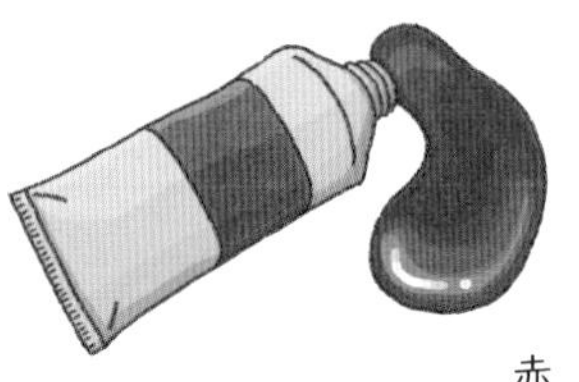

赤

(2)

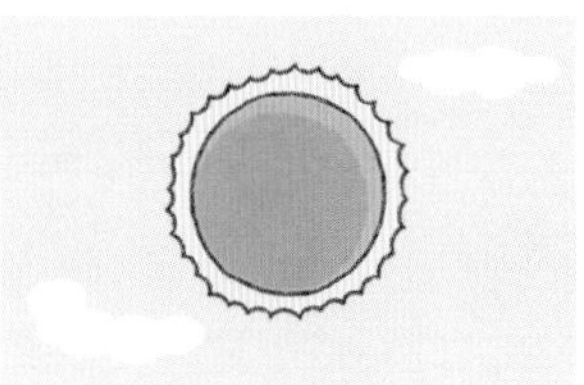

ed

en

at

un

3 英語のしりとりが完成するように、?に入る絵を下から選んで、(　)に記号を書きましょう。

(1)

(2)

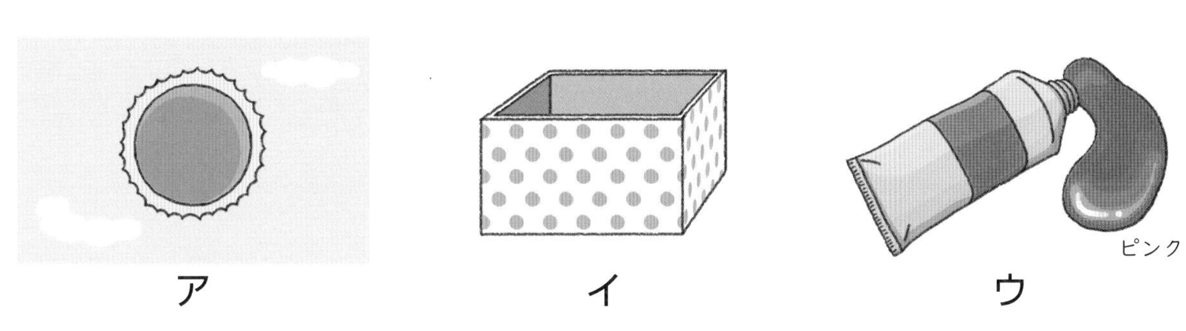

ア　　　イ　　　ウ

4 絵や数字が表す単語になるように、[　] から選んで、＿ に1字ずつ書きましょう。

(1)

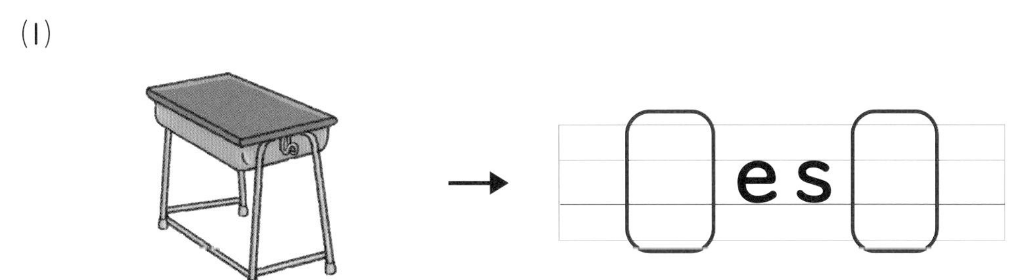

(2)

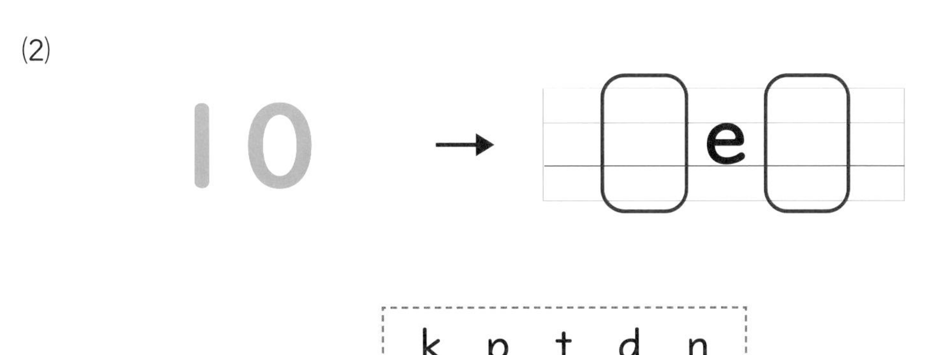

k　p　t　d　n

勉強した日 月 日

プログラミング プラスワーク

教科書 106〜107 ページ

✪ 音声を聞いて、動く方向を命令する英語を学習しましょう。 a52

1 動く方向を命令する表現（ひょうげん）

Go straight. まっすぐに進みなさい。

「右に」は right

Turn right. 右に曲がりなさい。

「左に」は left

Turn left. 左に曲がりなさい。

Stop. 止まりなさい。

施設（しせつ）や場所を表すことば

Do you want to go to the bakery?

あなたはパン店に行きたいですか。

That's right.

その通りです。

「〜しなさい」と命令するときは、動作を表すことばで文を始めるよ。

✪ 読みながらなぞりましょう。

Go straight.

まっすぐに進みなさい。

Turn right.

右に曲がりなさい。

Turn left.

左に曲がりなさい。

Stop.

止まりなさい。

Do you want to go to the bakery?

あなたはパン店に行きたいですか。

That's right.

その通りです。

2 施設や場所を表すことば

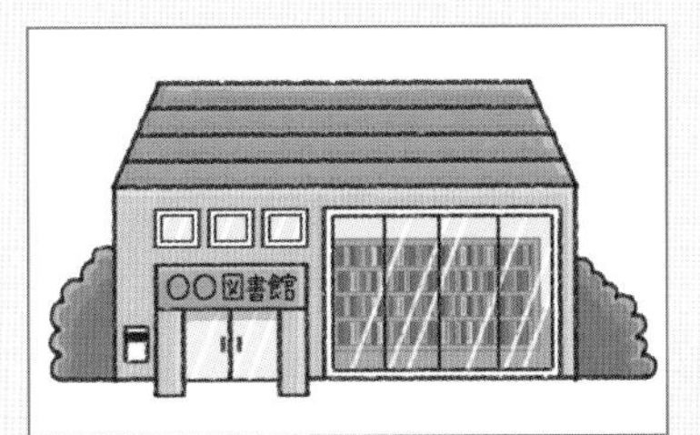

library

図書館

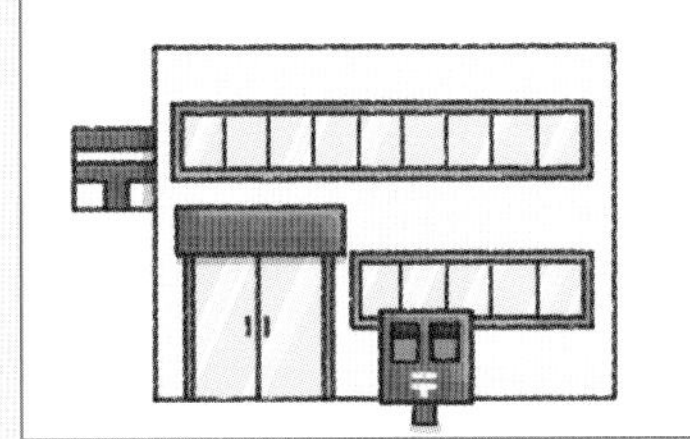

post office

郵便局（ゆうびんきょく）

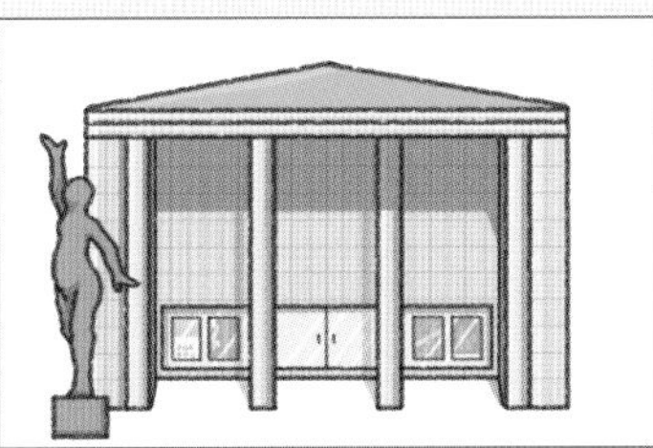

museum

博物館、美術館（びじゅつかん）

bakery

パン店

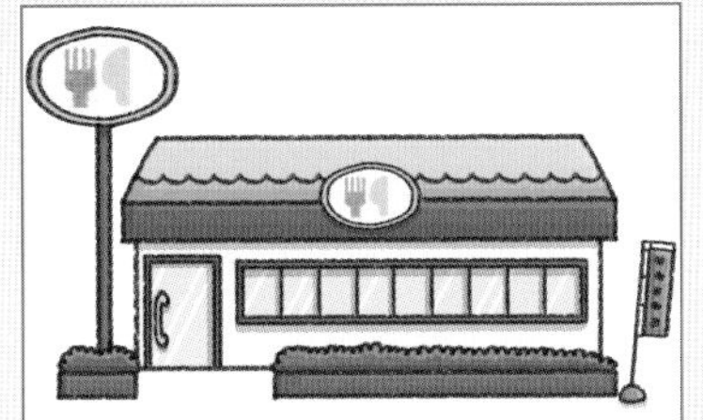

restaurant

レストラン

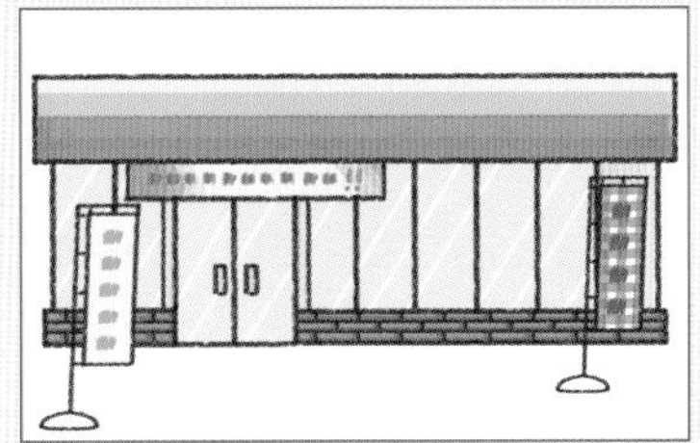

convenience store

コンビニエンスストア

✪ 読みながらなぞりましょう。

library

図書館

post office

郵便局

museum

博物館、美術館（びじゅつかん）

bakery

パン店

restaurant

レストラン

convenience store

コンビニエンスストア

勉強した日　　月　　日

リーディングレッスン

教科書 108ページ　答え 13ページ

✪ 次の英語の文章を３回読みましょう。

✓言えたらチェック □□□

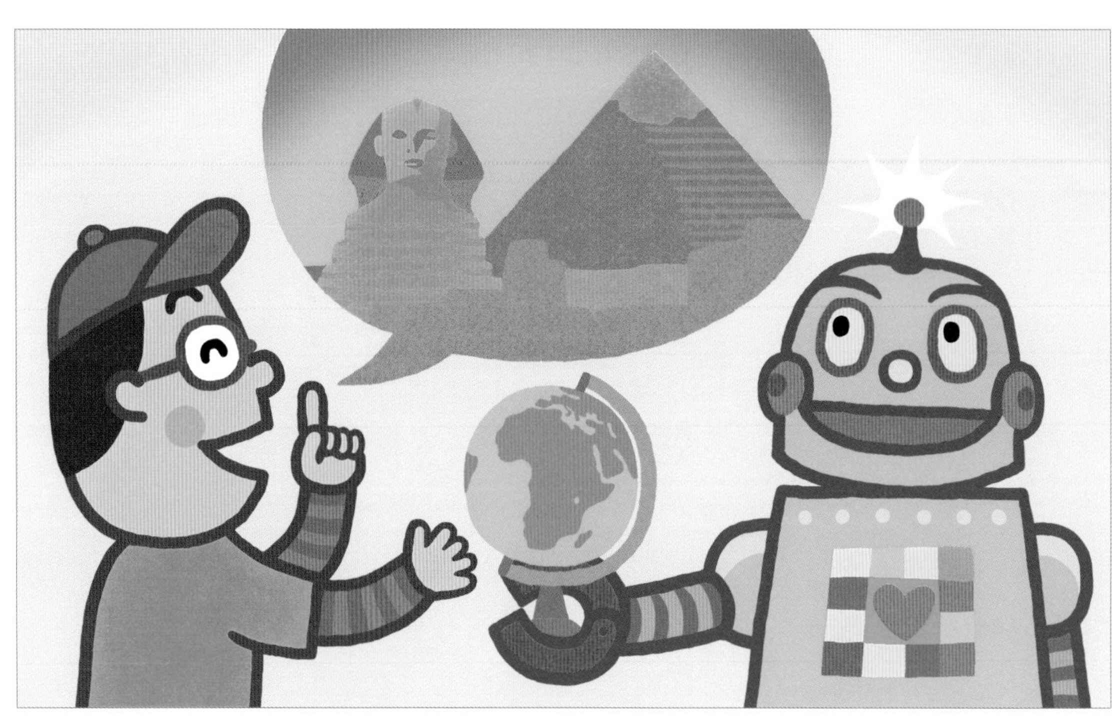

I have a magic power.

Oh, really?

Yes. Where do you want to go?

I want to go to Egypt.

OK, point to Egypt. 1, 2, 3!

Wow! I am on a camel!

magic：魔法(まほう)の　power：力　point to ～：～を指さす　Wow.：わあ。　camel：ラクダ

Question

できた数
/3問中

文章の内容(ないよう)について、次の質問(しつもん)に答えましょう。

(1) ロボットのパムは何を持っていると言っていますか。下から選んで（　）に記号を書きましょう。

ア　魔法の力

イ　魔法のつえ

ウ　魔法のじゅうたん　（　　）

(2) 本文の内容に合うものを下から選んで（　）に記号を書きましょう。

ア　ケンはインドに行きたいと言いました。

イ　ケンはエジプトに行きたいと言いました。

ウ　ケンはピラミッドを見たいと言いました。　（　　）

(3) ケンは何の上にいますか。英語１語で ＿＿ に書きましょう。

✪ 英文をなぞって書きましょう。

I have a magic power.

Where do you want to go?

I want to go to Egypt.

I am on a camel.

聞く　話す　読む　書く

ローマ字表

〔ヘボン式〕

※［　］は訓令式です。

	A	I	U	E	O			
A	a ア	i イ	u ウ	e エ	o オ			
K	ka カ	ki キ	ku ク	ke ケ	ko コ	kya キャ	kyu キュ	kyo キョ
S	sa サ	shi [si] シ	su ス	se セ	so ソ	sha [sya] シャ	shu [syu] シュ	sho [syo] ショ
T	ta タ	chi [ti] チ	tsu [tu] ツ	te テ	to ト	cha [tya] チャ	chu [tyu] チュ	cho [tyo] チョ
N	na ナ	ni ニ	nu ヌ	ne ネ	no ノ	nya ニャ	nyu ニュ	nyo ニョ
H	ha ハ	hi ヒ	fu [hu] フ	he ヘ	ho ホ	hya ヒャ	hyu ヒュ	hyo ヒョ
M	ma マ	mi ミ	mu ム	me メ	mo モ	mya ミャ	myu ミュ	myo ミョ
Y	ya ヤ	—	yu ユ	—	yo ヨ			
R	ra ラ	ri リ	ru ル	re レ	ro ロ	rya リャ	ryu リュ	ryo リョ
W	wa ワ	—	—	—	(o) (ヲ)			
N	n ン							
G	ga ガ	gi ギ	gu グ	ge ゲ	go ゴ	gya ギャ	gyu ギュ	gyo ギョ
Z	za ザ	ji [zi] ジ	zu ズ	ze ゼ	zo ゾ	ja [zya] ジャ	ju [zyu] ジュ	jo [zyo] ジョ
D	da ダ	ji [zi] ヂ	zu ヅ	de デ	do ド			
B	ba バ	bi ビ	bu ブ	be ベ	bo ボ	bya ビャ	byu ビュ	byo ビョ
P	pa パ	pi ピ	pu プ	pe ペ	po ポ	pya ピャ	pyu ピュ	pyo ピョ

動画で復習＆アプリで練習！

重要表現まるっと整理

5年生の重要表現を復習するよ！動画でリズムにあわせて楽しく復習したい人は①を、はつおん練習にチャレンジしたい人は②を読んでね。①→②の順で使うとより効果的だよ！

1 「わくわく動画」の使い方

各ページの冒頭についているQRコードを読み取ると、動画の再生ページにつながります。

Alec先生に続けて子どもたちが1人ずつはつおんします。Alec先生が「You!」と呼びかけたらあなたの番です。

It's your turn!（あなたの番です）が出たら、画面に出ている英文をリズムにあわせてはつおんしましょう。

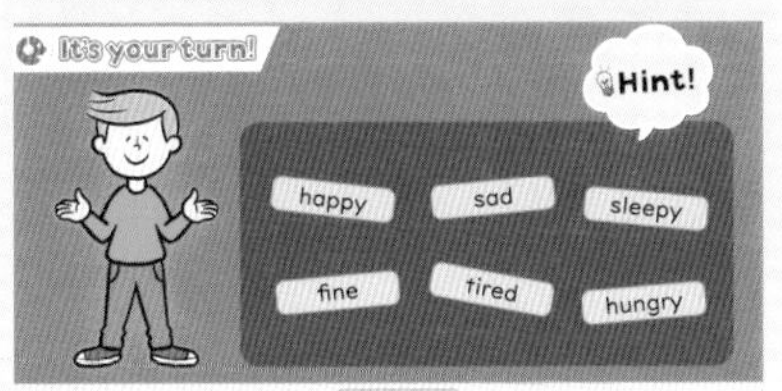

最後に自己表現の練習をします。

It's your turn! が出たら、画面上の英文をはつおんしましょう。＿＿＿の中に入れる単語は Hint! も参考にしましょう。

2 「文理のはつおん上達アプリ　おん達」の使い方

ホーム画面下の「かいわ」を選んで、学習したいタイトルをおします。

トレーニング

① 🔊 をおしてお手本の音声を聞きます。
② 🎤 をおして英語をふきこみます。
③点数を確認し、▶ をおして自分の音声を聞きましょう。

チャレンジ

①カウントダウンのあと会話が始まります。
② 🎤 が光ったら英語をふきこみ、最後にもう一度 🎤 をおします。
③“Role Change!”と出たら役をかわります。

ダウンロード

アクセスコード

ENJR3F8a

勉強した日　月　日

第1回

はじめましてのあいさつ

重要表現まるっと整理

✪アプリを使って会話の練習をしましょう。80点以上になるように何度も練習しましょう。

トレーニング はじめましてのあいさつの表現を練習しましょう。＿＿の部分をかえて練習しましょう。

s01

- □① Hello. My name is Yuki.　こんにちは、わたしの名前はユキです。
  - ・Keita　・Mary　・John
- □② How do you spell your name?　あなたの名前はどのようにつづりますか。
- □③ Y-U-K-I. Yuki.　Y、U、K、I。ユキです。
  - ・K-E-I-T-A. Keita.　・M-A-R-Y. Mary.　・J-O-H-N. John.
- □④ Nice to meet you.　はじめまして。
- □⑤ Nice to meet you, too.　こちらこそ、はじめまして。

何度も練習してね！

チャレンジ はじめましてのあいさつの会話を練習しましょう。

s02

Hello. My name is Yuki.
How do you spell your name?
Y-U-K-I. Yuki.
Nice to meet you.
Nice to meet you, too.

第2回 誕生日について 重要表現まるっと整理

アプリを使って会話の練習をしましょう。80点以上になるように何度も練習しましょう。

トレーニング 誕生日についての表現を練習しましょう。___の部分をかえて練習しましょう。

s03

- □① When is your birthday?　あなたの誕生日はいつですか。
- □② My birthday is April 2nd.　わたしの誕生日は4月2日です。
  - ・July 5th ・October 23rd ・January 31st
- □③ What do you want for your birthday?　あなたは誕生日に何がほしいですか。
- □④ I want a bike.　わたしは自転車がほしいです。
  - ・a bag ・a watch ・a cake

チャレンジ 誕生日についての会話を練習しましょう。

s04

When is your birthday?

My birthday is April 2nd.

4月 2日

What do you want for your birthday?

I want a bike.

第3回 できることについて 重要表現まるっと整理

アプリを使って会話の練習をしましょう。80点以上になるように何度も練習しましょう。

トレーニング できることについての表現を練習しましょう。＿＿の部分をかえて練習しましょう。

♪ s05

- ① Can you swim fast? あなたは速く泳ぐことができますか。
  - ・bake bread well ・sing well ・jump high
- ② Yes, I can. はい、できます。
  - ・No, I can't.
- ③ This is Ken. こちらはケンです。
  - ・Emi ・Yuta ・Satomi
- ④ He can swim fast. 彼(かれ)は速く泳ぐことができます。
  - ・She
  - ・bake bread well ・sing well ・jump high
- ⑤ Cool! かっこいい！
  - ・Great! ・Nice! ・Wonderful!

がんばって！

チャレンジ できることについての会話を練習しましょう。

♪ s06

Can you swim fast?
Yes, I can.
This is Ken.
He can swim fast.
Cool!

第4回 時間割や好きな教科について

✪ アプリを使って会話の練習をしましょう。80点以上になるように何度も練習しましょう。

トレーニング 時間割や好きな教科についての表現を練習しましょう。＿＿の部分をかえて練習しましょう。

♪ s07

- □① What do you have on Monday? あなたは月曜日に何がありますか。
  - ・Tuesday ・Thursday ・Friday
- □② I have English on Monday. わたしは月曜日に英語があります。
  - ・Japanese ・science ・music
  - ・Tuesday ・Thursday ・Friday
- □③ What subject do you like? あなたは何の教科が好きですか。
- □④ I like math. わたしは算数が好きです。
  - ・social studies ・P.E. ・arts and crafts

チャレンジ 時間割や好きな教科について会話を練習しましょう。

♪ s08

聞く 話す 読む 書く

勉強した日 月 日

第5回 もののある場所について
重要表現まるっと整理

✪ アプリを使って会話の練習をしましょう。80点以上になるように何度も練習しましょう。

トレーニング もののある場所についての表現を練習しましょう。＿＿の部分をかえて練習しましょう。

s09

- ☐① Where is the pencil? えんぴつはどこにありますか。
  - ・notebook ・ball ・towel
- ☐② It's in the pencil case. それは筆箱の中です。
  - ・bag ・box ・basket
- ☐③ Where is the pencil case? 筆箱はどこにありますか。
  - ・bag ・box ・basket
- ☐④ It's on the desk. それはつくえの上にあります。
  - ・under the chair ・by the door ・under the table

大きな声で言ってみよう！

チャレンジ もののある場所についての会話を練習しましょう。

s10

Where is the pencil?
It's in the pencil case.
Where is the pencil case?
It's on the desk.

第6回

道案内 重要表現まるっと整理

アプリを使って会話の練習をしましょう。80点以上になるように何度も練習しましょう。

トレーニング 道案内の表現を練習しましょう。___の部分をかえて練習しましょう。

s11

- ☐① Where is the station?　駅はどこにありますか。
  - ・park ・museum ・school
- ☐② Go straight for one block.　1区画まっすぐに行ってください。
  - ・two blocks ・three blocks
- ☐③ Turn right at the corner.　その角を右に曲がってください。
  - ・left
  - ・second corner ・third corner
- ☐④ You can see it on your left.　それはあなたの左手に見えます。
  - ・right

チャレンジ 道案内の会話を練習しましょう。

s12

Where is the station?
○○駅
Go straight for one block.
Turn right at the corner.
You can see it on your left.

聞く　話す　読む　書く

勉強した日　月　日

第7回 レストランでの注文
重要表現まるっと整理

アプリを使って会話の練習をしましょう。80点以上になるように何度も練習しましょう。

トレーニング レストランでの注文の表現を練習しましょう。＿＿の部分をかえて練習しましょう。

s13

- ☐① What would you like?　何をめしあがりますか。
- ☐② I'd like fried chicken.　フライドチキンをください。
  - ・curry and rice ・ice cream ・grilled fish
- ☐③ How much is it?　いくらですか。
- ☐④ It's 400 yen.　400円です。
  - ・600 ・200 ・550

よく聞いてね！

チャレンジ レストランでの注文の会話を練習しましょう。

s14

What would you like?

I'd like fried chicken.

How much is it?

It's 400 yen.

教科書ワーク

答えとてびき

「答えとてびき」は、とりはずすことができます。

三省堂版
英語5年

使い方

まちがえた問題は、もう一度よく読んで、なぜまちがえたのかを考えましょう。音声を聞きなおして、あとに続いて言ってみましょう。

Lesson 1

20ページ 聞いて練習のワーク

❶ (1) Ren　(2) Sakura
(3) Masato　(4) Kaori

❷
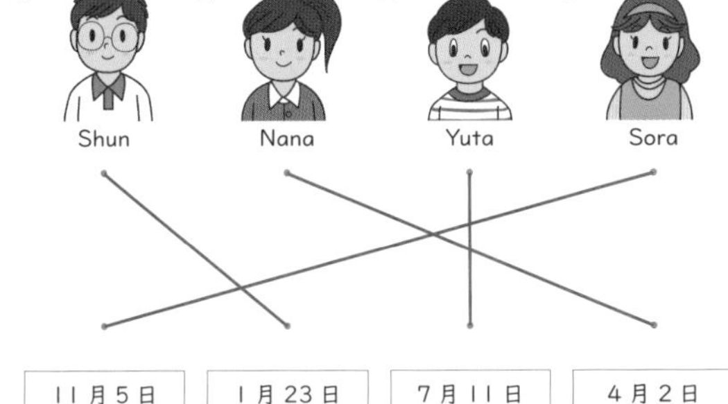

てびき

❶ My name is ～. は「わたしの名前は～です」という意味です。そのあとに名前のつづりを1文字ずつ言うと、相手に伝わりやすいです。

❷ When is your birthday? は「あなたの誕生日はいつですか」という意味です。My birthday is 〈月〉〈日〉.（わたしの誕生日は～月…日です）で答えます。
(1) January 23rd「1月23日」
(2) April 2nd「4月2日」
(3) July 11th「7月11日」
(4) November 5th「11月5日」

読まれた英語

❶ (1) My name is Ren. R-E-N, Ren.
(2) My name is Sakura. S-A-K-U-R-A, Sakura.
(3) My name is Masato. M-A-S-A-T-O, Masato.
(4) My name is Kaori. K-A-O-R-I, Kaori.

❷ (1) Shun, when is your birthday?
— My birthday is January 23rd.
(2) Nana, when is your birthday?
— My birthday is April 2nd.
(3) Yuta, when is your birthday?
— My birthday is July 11th.
(4) Sora, when is your birthday?
— My birthday is November 5th.

21ページ まとめのテスト

1 (1) 8月7日　(2) 2月10日
(3) 5月22日

2 (1) name　(2) Nice
(3) How　(4) When
(5) June

てびき

1 (1) August 7th「8月7日」
(2) February 10th「2月10日」
(3) May 22nd「5月22日」

2 (1)「わたしの名前は～です」は My name is ～. と言います。
(2)「はじめまして」は Nice to meet you. と言います。
(3)「それはどのようにつづりますか」は How do you spell it? と言います。
(4)(5)「あなたの誕生日(たんじょうび)はいつですか」は When is your birthday? と言います。My birthday is〈月〉〈日〉. で答えます。when「いつ」、June「6月」

26ページ 聞いて練習のワーク

1 (1) ○　(2) ×　(3) ×　(4) ○

2 (1) ヘビ　(2) 緑
(3) パンダ　(4) 黒

てびき

1 I like ～. は「わたしは～が好きです」という意味です。I don't like ～. は「わたしは～が好きではありません」という意味です。don't があるかどうかに注意して聞きましょう。
(1) swimming「水泳」
(2) fox(es)「キツネ」
(3) baseball「野球」
(4) dog(s)「イヌ」

2 Do you like ～? は「あなたは～が好きですか」という意味です。答えるときは、Yes, I do.（はい、好きです）や No, I don't.（いいえ、好きではありません）と言います。
(1) snake(s)「ヘビ」
(2) green「緑」
(3) panda(s)「パンダ」
(4) black「黒」

読まれた英語

1 (1) I like swimming.
(2) I don't like foxes.
(3) I don't like baseball.
(4) I like dogs.

2 (1) Kota, do you like snakes?
— Yes, I do.　But I don't like monkeys.
(2) Yumi, do you like green?
— No, I don't.　But I like blue.
(3) Saki, do you like dogs?
— Yes, I do.　But I don't like pandas.
(4) Tomoya, do you like red?
— No, I don't.　But I like black.

27ページ まとめのテスト

1 (1) like　(2) don't like
(3) Do you　(4) don't

2 (1) I like badminton.
(2) I don't like yellow.
(3) Do you like dogs?

てびき

1 (1)「わたしは～が好きです」は I like ～. と言います。panda(s)「パンダ」
(2)「わたしは～が好きではありません」は I don't like ～. と言います。basketball「バスケットボール」
(3)(4)「あなたは～が好きですか」は Do you like ～? と言います。「いいえ、好きではありません」は No, I don't. と言います。snake(s)「ヘビ」

2 (1)「わたしは～が好きです」は I like ～. と言います。badminton「バドミントン」
(2)「わたしは～が好きではありません」は I don't like ～. と言います。yellow「黄」
(3)「あなたは～が好きですか」は Do you like ～? と言います。dog(s)「イヌ」
fox(es)「キツネ」

Lesson 2

36ページ 聞いて練習のワーク

1 (1) ア、ウ　(2) イ、エ　(3) ア、イ

2

	国語	社会科	算数	家庭科	書写
月曜日	(○)	(　)	(○)	(　)	(　)
火曜日	(　)	(○)	(　)	(　)	(○)
水曜日	(　)	(　)	(○)	(○)	(　)
木曜日	(○)	(○)	(　)	(　)	(　)
金曜日	(○)	(　)	(　)	(○)	(　)

てびき

1 What subjects do you like? は「あなたは何の教科が好きですか」という意味です。答えるときは、I like ～. と言います。
(1) science「理科」、P.E.「体育」
(2) music「音楽」、arts and crafts「図画工作」
(3) science「理科」、music「音楽」

2 What subjects do you have on 〈曜日〉? は「あなたは～曜日に何の教科がありますか」という意味です。答えるときは、I have ～. と言います。
Japanese「国語」
math「算数」
social studies「社会科」
calligraphy「書写」
home economics「家庭科」

読まれた英語

1 (1) What subjects do you like?
— I like science and P.E.
(2) What subjects do you like?
— I like music and arts and crafts.
(3) What subjects do you like?
— I like science and music.

2 What subjects do you have on Mondays?
— I have Japanese and math.
What subjects do you have on Tuesdays?
— I have social studies and calligraphy.
What subjects do you have on Wednesdays?
— I have math and home economics.
What subjects do you have on Thursdays?
— I have Japanese and social studies.
What subjects do you have on Fridays?
— I have Japanese and home economics.

37ページ まとめのテスト

1 (1) subjects (2) English

(3) Fridays (4) math

2 (1) What subjects do you have on Wednesdays?

(2) I like arts and crafts.

てびき

1 (1)「あなたは何の教科が好きですか」は What subjects do you like? と言います。

(2)「わたしは～が好きです」は I like ～. と言います。English「英語」

(3)(4)「あなたは～曜日に何の教科がありますか」は What subjects do you have on 〈曜日〉? と言います。Friday(s)「金曜日」

「わたしは～があります」は I have ～. と言います。math「算数」

2 (1)「あなたは～曜日に何の教科がありますか」は What subjects do you have on 〈曜日〉? と言います。Wednesday(s)「水曜日」

(2)「わたしは～が好きです」は I like ～. と言います。arts and crafts「図画工作」

44ページ 聞いて練習のワーク

1 (1) × (2) ○ (3) × (4) ○

2 (1) オ (2) イ (3) ア (4) ウ

てびき

1 (1) dance「おどる」

(2) clean「そうじをする」

(3) play the guitar「ギターを演奏(えんそう)する」

(4) play badminton「バドミントンをする」

2 What do you do on 〈曜日〉? は「あなたは～曜日に何をしますか」という意味です。答えるときは、I〈動作を表すことば〉on〈曜日〉. と言います。

(1) on Saturdays「土曜日に」、go shopping「買い物に行く」

(2) on Sundays「日曜日に」、read books「本を読む」

(3) watch TV「テレビを見る」

(4) play baseball「野球をする」

読まれた英語

1 (1) dance

(2) clean

(3) play the guitar

(4) play badminton

2 (1) Rumi, what do you do on Saturdays?
— I go shopping on Saturdays.

(2) Maki, what do you do on Sundays?
— I read books on Sundays.

(3) Shinji, what do you do on Sundays?
— I watch TV on Sundays.

(4) Taku, what do you do on Saturdays?
— I play baseball on Saturdays.

45ページ まとめのテスト

1 (1) do you do (2) play tennis

(3) a swimming lesson

2 (1) I usually play soccer on Tuesdays.

(2) What do you do on Mondays?

てびき

1 (1)(2)「あなたは～曜日に何をしますか」は What do you do on 〈曜日〉? と言います。答えるときは、I〈動作を表すことば〉on〈曜日〉. と言います。play tennis「テニスをする」

(3) a swimming lesson「水泳のレッスン」

2 (1)「わたしはふだん～曜日に…をします」は I usually〈動作を表すことば〉on〈曜日〉. と言います。play soccer「サッカーをする」、on Tuesdays「火曜日に」

(2)「あなたは～曜日に何をしますか」は What do you do on 〈曜日〉? と言います。on Mondays「月曜日に」

ABC Fun Box 1 2

46～47 ページ プラスワーク

1 (1) Kento（○） Kenta

(2) Ellen　Ellie（○）

2 (1) ウ　(2) イ

3 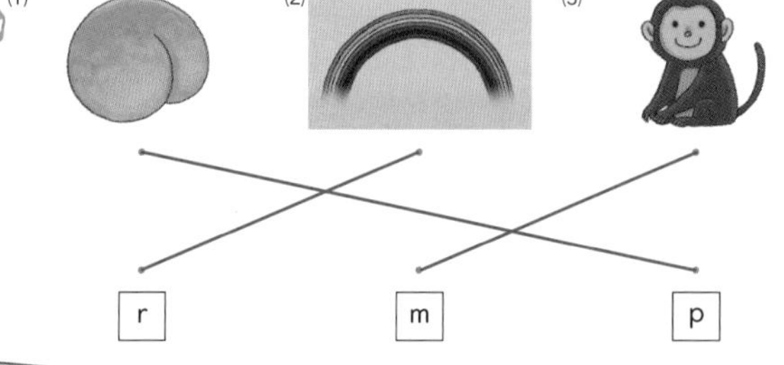

てびき アルファベットの大文字と小文字それぞれの形に注意しましょう。
CとG、EとF、MとW、OとQ、PとRなど形がにているアルファベットに気をつけましょう。bとd、iとj、mとn、pとq、uとvなど、まちがえやすいアルファベットに気をつけましょう。

1 My name is ～. は「わたしの名前は～です」という意味です。

2 (1) tomato「トマト」、tiger「トラ」
(2) bear「クマ」、bag「かばん」

3 (1) peach「モモ」
(2) rainbow「虹（にじ）」
(3) monkey「サル」

読まれた英語

1 (1) My name is Kento.
K-E-N-T-O, Kento.
(2) My name is Ellie.
E-L-L-I-E, Ellie.

Lesson 3

54 ページ 聞いて練習のワーク

1 (1) ウ　(2) イ　(3) ア　(4) エ

2 (1)① ア　② カ
(2)① オ　② ウ

てびき 1 (1) father「お父さん」
(2) funny「おもしろい」
(3) girl「女の子」
(4) sister「お姉さん、妹」

2 This is ～. は「こちらは～です」と人を紹介（しょうかい）するときの表現（ひょうげん）です。(1) She is ～. は「彼女（かのじょ）は～です」という意味です。sister「お姉さん、妹」、active「活動的な」
(2) He is ～. は「彼（かれ）は～です」という意味です。friend「友だち」、smart「頭の良い」

読まれた英語

1 (1) father
(2) funny
(3) girl
(4) sister

2 (1) This is Nana. She is my sister.
She is active.
(2) This is Ren. He is my friend.
He is smart.

55 ページ まとめのテスト

1 (1) friend　(2) This
(3) mother　(4) strong

2 (1) Who is this?
(2) She is brave.

てびき

1 (1)「友だち」friend
(2)「こちらは～です」は This is ～. と言います。
(3)「お母さん」mother
(4)「強い」strong

2 (1)「こちらはだれですか」は Who is this? と言います。(2)「彼女(かのじょ)は～です」は She is ～. と言います。「勇かんな」brave

Lesson 4

64ページ 聞いて練習のワーク

1 (1) イ (2) エ (3) ウ (4) ア

2

	名 前	できること	できないこと
(1)	Kento	(カ)	(オ)
(2)	Sakura	(キ)	(ウ)
(3)	Takuma	(ア)	(イ)

てびき

1 (1) guitar「ギター」
(2) piano「ピアノ」
(3) volleyball「バレーボール」
(4) table tennis「卓球(たっきゅう)」

2 I can ～. は「わたしは～することができます」、I can't ～. は「わたしは～することができません」という意味です。「あなたは～することができますか」とたずねるときは Can you ～? と言います。答えるときは Yes, I can.（はい、できます）や No, I can't.（いいえ、できません）と言います。
(1) make a fire「火をおこす」、cook「料理をする」
(2) play tennis「テニスをする」、play soccer「サッカーをする」
(3) swim「泳ぐ」、ride a unicycle「一輪車に乗る」

読まれた英語

1 (1) guitar (2) piano
(3) volleyball (4) table tennis

2 (1) Kento, can you make a fire?
— Yes, I can. But I can't cook.
(2) Sakura, can you play tennis?
— Yes, I can. But I can't play soccer.
(3) Takuma, can you swim?
— No, I can't. But I can ride a unicycle.

65ページ まとめのテスト

1 (1) トランペット (2) 鳥
(3) イルカ (4) ドッジボール

2 (1) can (2) can't
(3) run

てびき

1 (1) trumpet「トランペット」
(2) bird「鳥」
(3) dolphin「イルカ」
(4) dodgeball「ドッジボール」

2「わたしは～することができます」は I can ～.、「わたしは～することができません」は I can't ～. と言います。
(1) 絵からじょうずに歌うことができるとわかるので、I can ～. の文にします。sing well「じょうずに歌う」
(2) 絵からピアノを演奏(えんそう)することができないとわかるので、I can't ～. の文にします。play the piano「ピアノを演奏する」
(3) 絵から速く走ることができるとわかります。「速く走る」は run fast と言います。

ABC Fun Box 3

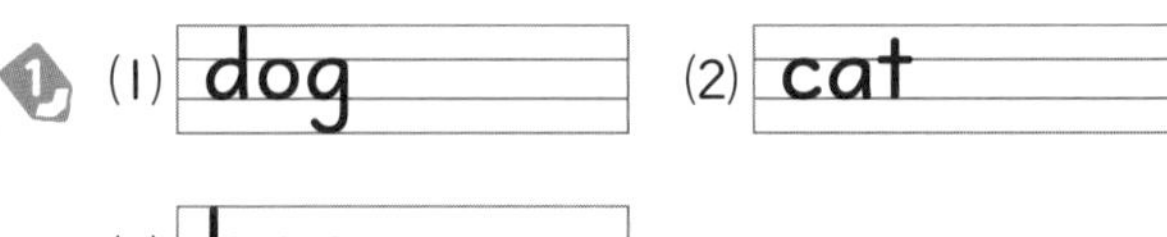

1 (1) dog　(2) cat
(3) bag

2 (1) ウ　(2) ク　(3) オ　(4) キ　(5) カ　(6) ア

3 (1) play soccer
(2) watch TV

てびき
1 にている単語のつづりに注意しましょう。
(1)「イヌ」dog
(2)「ネコ」cat
(3)「かばん」bag
2 (1)「看護師(かんごし)」nurse
(2)「5月」May
(3)「泳ぐ」swim
(4)「先生」teacher
(5)「料理をする」cook
(6)「親切な」kind
3 (1)「サッカーをする」play soccer
(2)「テレビを見る」watch TV

Lesson 5

72ページ 聞いて練習のワーク

1 (1) エ　(2) ウ　(3) ア　(4) イ
2 (1) ウ　(2) オ　(3) ア

てびき
1 He[She] is ~. は「彼(かれ)[彼女]は~です」という意味です。
(1) fire fighter「消防士(しょうぼうし)」
(2) teacher「先生」
(3) farmer「農家」
(4) baseball player「野球選手」
2 This is ~. は「こちらは~です」という意味です。He[She] can ~. は「彼[彼女]は~することができます」という意味です。
(1) dance well「じょうずにおどる」
(2) run fast「速く走る」
(3) play tennis「テニスをする」

読まれた英語

1 (1) He is a fire fighter.
(2) She is a teacher.
(3) She is a farmer.
(4) He is a baseball player.
2 (1) This is Nana.　She can dance well.
(2) This is Ren.　He can run fast.
(3) This is Sora.　She can play tennis.

73ページ まとめのテスト

1
(1) 警察官 — police officer
(2) 獣医 — vet
(3) 看護師 — nurse
(4) パン職人 — baker

2
(1) This is Ms. Ito.
(2) She is a florist.
(3) He can run fast.

てびき
1 (1) police officer「警察官」
(2) vet「獣医」
(3) nurse「看護師」
(4) baker「パン職人」
2 (1)「こちらは～です」は This is ～. と言います。
(2)「彼女は～です」は She is ～. と言います。
(3)「彼は～することができます」は He can ～. と言います。run fast「速く走る」

80ページ 聞いて練習のワーク

1 (1) イ　(2) エ　(3) ア　(4) ウ
2 (1) ウ　(2) ア　(3) エ

てびき
1 (1) fishing「魚つり」
(2) dancing「おどること」
(3) swimming「水泳」
(4) playing the piano「ピアノを演奏すること」
2「あなたは～が得意ですか」は Are you good at ～? と言います。答えるときは、Yes, I am.（はい、得意です）や No, I'm not.（いいえ、得意ではありません）と言います。
(1) skiing「スキー」
(2) gymnastics「体操競技」
(3) playing the castanets「カスタネットを演奏すること」

読まれた英語

1
(1) fishing
(2) dancing
(3) swimming
(4) playing the piano

2
(1) Are you good at skiing, Kaho?
— Yes, I am. I'm good at skiing.
(2) Are you good at gymnastics, Taku?
— Yes, I am. I'm good at gymnastics.
(3) Are you good at playing the guitar, Ryota?
— No, I'm not. But I'm good at playing the castanets.

81ページ まとめのテスト

1
(1) running
(2) playing baseball
(3) playing the violin
(4) singing

2
(1) No, I'm not.
(2) Yes, I am.

てびき
1 (1) (4)「わたしは～が得意です」は I'm good at ～. と言います。running「走ること」、singing「歌うこと」
(2)(3)「彼［彼女］は～が得意です」は He[She] is good at ～. と言います。playing baseball「野球をすること」、playing the violin「バイオリンを演奏すること」
2 Are you good at ～? は「あなたは～が得意ですか」という意味です。
(1)「いいえ、得意ではありません」は No, I'm not. と言います。
(2)「はい、得意です」は Yes, I am. と言います。

87ページ リーディングレッスン

(1) ① Ken ② Pam

(2) ウ

(3) ウ

てびき (1) 8文目と9文目に注目します。My name is ~. は「わたしの名前は~です」という意味です。

(2) 6文目に注目します。I can ~. は「わたしは~することができます」という意味です。speak English「英語を話す」

(3) 最後の2文に注目します。This is your ball. は「これはあなたのボールです」という意味です。Here you are は「どうぞ」という意味なのでボールを差し出していることがわかります。

Lesson 6

92ページ 聞いて練習のワーク

1 (1) イ (2) エ (3) ア (4) ウ

2 (1) オ (2) ア (3) ウ (4) エ

てびき 1 Where is my ~? は「わたしの~はどこにありますか[いますか]」という意味です。It is ~. で答えます。場所を表すことばに注意して聞きましょう。cat「ネコ」、box「箱」

(1) on「上に」

(2) by「そばに」

(3) in「中に」

(4) under「下に」

2 Where is my ~? は「わたしの~はどこにありますか」という意味です。It is ~.「それは~にあります」で答えます。

(1) under the chair「いすの下に」

(2) on the sofa「ソファーの上に」

(3) by the piano「ピアノのそばに」

(4) on the table「テーブルの上に」

読まれた英語

1 (1) Where is my cat?
— It is on the box.

(2) Where is my cat?
— It is by the box.

(3) Where is my cat?
— It is in the box.

(4) Where is my cat?
— It is under the box.

2 (1) Where is my box?
— It is under the chair.

(2) Where is my cap?
— It is on the sofa.

(3) Where is my ball?
— It is by the piano.

(4) Where is my computer?
— It is on the table.

93ページ まとめのテスト

1 (1) Where (2) in (3) watch (4) by

2 (1) Where is my recorder?

(2) It is under the desk.

てびき 1 (1)「わたしの~はどこにありますか」は Where is my ~? と言います。uniform「ユニフォーム」

(2)「箱の中に」は in the box と言います。

(3)「腕時計(うでどけい)」は watch と言います。

(4)「テーブルのそばに」は by the table と言います。

2 (1)「わたしの~はどこにありますか」は Where is my ~? と言います。recorder「リコーダー」

(2)「それは~の下にあります」は It is under ~. と言います。desk「つくえ」

100ページ 聞いて練習のワーク

❶ (1) エ　(2) ア　(3) ウ　(4) イ

❷

		都道府県	できること
(1)	姫路城（ひめじじょう）	（ イ ）	（ キ ）
(2)	阿蘇山（あそさん）	（ エ ）	（ カ ）
(3)	十和田湖（とわだこ）	（ ウ ）	（ オ ）

てびき

❶「それは～です」は It is ～. と言います。

(1) beautiful「美しい」

(2) big「大きい」

(3) delicious「おいしい」

(4) funny「おもしろい」

❷ Where is ～? は「～はどこにありますか」という意味です。答えるときは It is in ～.（それは～にあります）といいます。In ～, you can … は「～では（あなたは）…することができます」という意味です。

(1) Himeji Castle「姫路城」、eat crab「カニを食べる」

(2) Mt. Aso「阿蘇山」、eat watermelon「スイカを食べる」

(3) Lake Towada「十和田湖」、enjoy Aomori Nebuta Festival「青森ねぶた祭を楽しむ」

読まれた英語

❶ (1) It is beautiful.

(2) It is big.

(3) It is delicious.

(4) It is funny.

❷ (1) Where is Himeji Castle?

— It is in Hyogo.　In Hyogo, you can eat crab.

(2) Where is Mt. Aso?

— It is in Kumamoto.　In Kumamoto, you can eat watermelon.

(3) Where is Lake Towada?

— It is in Aomori.　In Aomori, you can enjoy Aomori Nebuta Festival.

101ページ まとめのテスト

1 (1) Where　(2) in

(3) enjoy　(4) interesting

2 (1) Where is Mt. Fuji?

(2) You can eat peaches.

てびき

1 (1)「～はどこにありますか」は Where is ～?と言います。

(2)「それは～にあります」は It is in ～. と言います。

(3)「（あなたは）～することができます」は You can ～. と言います。enjoy「楽しむ」

(4)「それは～です」は It is ～. と言います。interesting「興味（きょうみ）深い」

2 (1)「～はどこにありますか」は Where is ～? と言います。

(2)「（あなたは）～することができます」は You can ～. と言います。eat peaches「モモを食べる」

Lesson 7

106ページ 聞いて練習のワーク

❶ (1) エ　(2) イ　(3) ア　(4) ウ

❷ (1) オーストラリア　(2) スペイン
(3) エジプト

てびき

❶「わたしは～に行きたいです」は I want to go to ～. と言います。

(1) Canada「カナダ」
(2) Kenya「ケニア」
(3) Italy「イタリア」
(4) Brazil「ブラジル」

❷ Where do you want to go? は「あなたはどこに行きたいですか」という意味です。答えるときは I want to go to ～.（わたしは～に行きたいです）と言います。

(1) Australia「オーストラリア」
(2) Spain「スペイン」
(3) Egypt「エジプト」

読まれた英語

❶ (1) I want to go to Canada.
(2) I want to go to Kenya.
(3) I want to go to Italy.
(4) I want to go to Brazil.

❷ (1) Where do you want to go, Judy?
— I want to go to Australia.
(2) Where do you want to go, Ken?
— I want to go to Spain.
(3) Where do you want to go, Tim?
— I want to go to Egypt.

107ページ まとめのテスト

1 (1) Japan　(2) China
(3) Germany　(4) the USA

2 (1) Where do you want to go?
(2) I want to go to South Korea.

てびき

1 (1)「日本」Japan
(2)「中国」China
(3)「ドイツ」Germany
(4)「アメリカ」the USA

2 (1)「あなたはどこに行きたいですか」は Where do you want to go? と言います。
(2)「わたしは～に行きたいです」は I want to go to ～. と言います。South Korea「韓国（かんこく）」

112ページ 聞いて練習のワーク

1

2 (1) ピザを食べる（こと）
(2) ライオンを見る（こと）
(3) サッカーの試合を見る（こと）
(4) ピラミッドを見る（こと）

てびき

1 I want to go to ～. は「わたしは～に行きたいです」という意味です。2つ目の to のあとに注意して聞きましょう。
(1) Australia「オーストラリア」
(2) Spain「スペイン」
(3) China「中国」

2 What do you want to do in ～? は「あなたは～で何をしたいですか」という意味です。I want to ～. (わたしは～したいです) と答えます。
(1) Italy「イタリア」、eat pizza「ピザを食べる」
(2) Kenya「ケニア」、see lions「ライオンを見る」
(3) Brazil「ブラジル」、watch soccer games「サッカーの試合を見る」
(4) Egypt「エジプト」、see the Pyramids「ピラミッドを見る」

読まれた英語

1 (1) I want to go to Australia.
(2) I want to go to Spain.
(3) I want to go to China.

2 (1) What do you want to do in Italy, Yuki?
— I want to eat pizza.
(2) What do you want to do in Kenya, Taku?
— I want to see lions.
(3) What do you want to do in Brazil, Tim?
— I want to watch soccer games.
(4) What do you want to do in Egypt, Lily?
— I want to see the Pyramids.

113ページ まとめのテスト

1 (1) France (2) see
(3) do (4) eat

2 (1) I want to go to Canada.

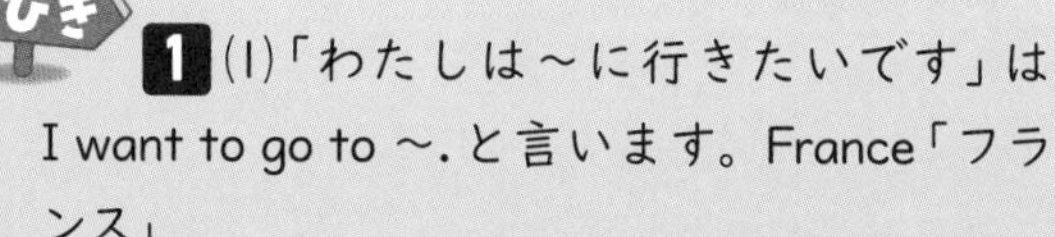

(2) I want to swim in the sea.

てびき

1 (1)「わたしは～に行きたいです」は I want to go to ～. と言います。France「フランス」
(2)「わたしは～したいです」は I want to ～. と言います。see「見る」
(3)(4)「あなたは～で何をしたいですか」は What do you want to do in ～? と言います。2つ目の do は「～をする」という意味です。答えるときは I want to ～. (わたしは～したいです) と言います。eat「食べる」

2 (1) Where do you want to go? は「あなたはどこに行きたいですか」という意味です。メモから「カナダに行きたい」とわかるので、I want to go to Canada. (わたしはカナダに行きたいです) と答えます。
(2) What do you want to do? は「あなたは何をしたいですか」という意味です。メモから「海で泳ぎたい」とわかるので、I want to swim in the sea. (わたしは海で泳ぎたいです) と答えます。

ABC Fun Box 4

114～115 ページ　プラスワーク

❶ (1) f　(2) c

❷ (1)

(2)

❸ (1) ウ　(2) ア

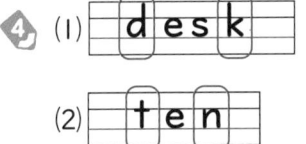

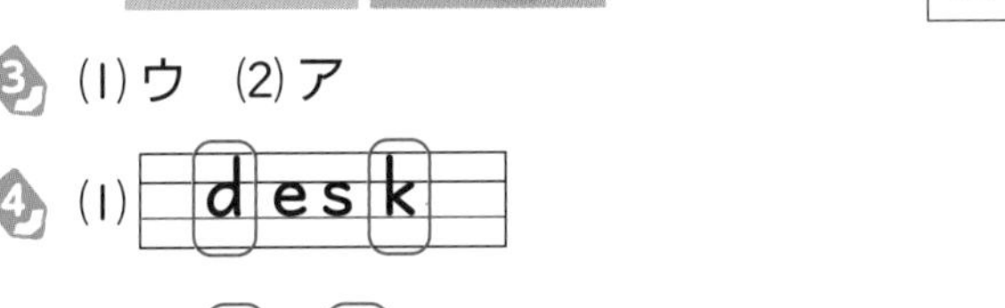

❹ (1) desk

(2) ten

てびき

❶ (1) fox「キツネ」
(2) cat「ネコ」

❷ (1) bed「ベッド」、red「赤」はどちらも ed で終わる単語です。
(2) sun「太陽」、run「走る」はどちらも un で終わる単語です。

❸ (1) cap「[ふちのない] ぼうし」→ pink「ピンク」→ kind「親切な」
(2) bus「バス」→ sun「太陽」→ nest「巣」

❹ (1) desk「つくえ」
(2) ten「10」

119 ページ　リーディングレッスン

(1) ア

(2) イ

(3) camel

てびき

(1)最初の文に注目します。I have ～. は「わたしは～を持っています」という意味です。magic power「魔法(まほう)の力」

(2) 5 文目に注目します。I want to go to ～. は「わたしは～に行きたいです」という意味です。Egypt「エジプト」

(3)最後の文に注目します。I am on ～. は「わたしは～の上にいます」という意味です。camel「ラクダ」

実力判定テスト 答えとてびき

夏休みのテスト

1 (1) ○　(2) ×　(3) ○　(4) ×

2

3 (1) エ　(2) ア　(3) オ　(4) ウ

4 (1) 4月8日　(2) ピンク　(3) バドミントン

5 (1) spell　(2) When
(3) yellow　(4) do
(5) watch

6
My name is Daisuke.
I like music .
I don't like math.
I have science
on Mondays.

てびき

1 (1) snake「ヘビ」
(2) tennis「テニス」
(3) go shopping「買い物に行く」
(4) home economics「家庭科」

2 I have ~ on〈曜日〉. は「わたしは〈曜日〉に~があります」という意味です。
(1) Japanese「国語」、Wednesday「水曜日」
(2) P.E.「体育」、Monday「月曜日」
(3) arts and crafts「図画工作」、Friday「金曜日」

3 What do you do on〈曜日〉? は「あなたは~曜日に何をしますか」という意味です。I usually〈動作を表すことば〉on〈曜日〉.（わたしはふだん~曜日に…をします）や I have ... on〈曜日〉.（わたしは~曜日に…があります）で答えます。
(1) practice karate「空手を練習する」、Tuesday「火曜日」
(2) play soccer「サッカーをする」、Saturday「土曜日」
(3) cook「料理をする」、Sunday「日曜日」
(4) have a dance lesson「ダンスのレッスンを受ける」、Thursday「木曜日」

4 My birthday is〈月〉〈日〉. は「わたしの誕生日は~月…日です」という意味です。I like ~. は「わたしは~が好きです」という意味です。
(1) April「4月」、8th「8日」
(2) pink「ピンク」
(3) badminton「バドミントン」

5 (1)「それはどのようにつづりますか」は How do you spell it? と言います。
(2)「あなたの誕生日はいつですか」は When is your birthday? と言います。
(3)(4)「あなたは~が好きですか」は Do you like ~? と言います。答えるときは Yes, I do.（はい、好きです）や No, I don't.（いいえ、好きではありません）と言います。yellow「黄」
(5)「わたしはふだん~曜日に…をします」は I usually〈動作を表すことば〉on〈曜日〉. と言います。watch TV「テレビを見る」

6 I like ~. は「わたしは~が好きです」、I don't like ~. は「わたしは~が好きではありません」という意味です。music「音楽」
I have ... on〈曜日〉. は「わたしは~曜日に…があります」という意味です。science「理科」

読まれた英語

1 (1) snake
(2) tennis
(3) go shopping
(4) home economics

2 (1) I have Japanese on Wednesdays.
(2) I have P.E. on Mondays.
(3) I have arts and crafts on Fridays.

3 (1) What do you do on Tuesdays, Akira?
— I usually practice karate on Tuesdays.

(2) What do you do on Saturdays, Yuki?
— I usually play soccer on Saturdays.
(3) What do you do on Sundays, Tomoki?
— I usually cook on Sundays.
(4) What do you do on Thursdays, Rika?
— I have a dance lesson on Thursdays.

4 My name is Miyu. My birthday is April 8th. I like pink. I like badminton.

冬休みのテスト

1 (1) × (2) × (3) ○ (4) ○

2

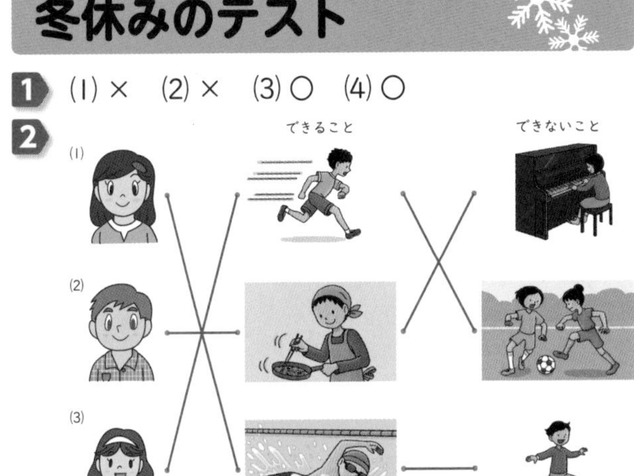

3

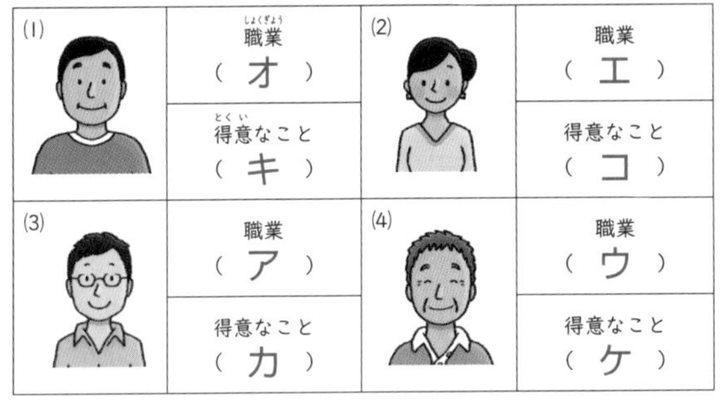

	職業	得意なこと
(1)	(オ)	(キ)
(2)	(エ)	(コ)
(3)	(ア)	(カ)
(4)	(ウ)	(ケ)

4 (1) 火をおこす (2) カレー (3) テニス

5 (1) Who (2) This (3) good (4) strong

6
This is Anna.
She is my friend.
She is talented.
She can sing well.

てびき

1 (1) walk「歩く」
(2) fire fighter「消防士」
(3) monkey「サル」
(4) violin「バイオリン」

2 I can ~. は「わたしは~することができます」、I can't ~. は「わたしは~することができません」という意味です。
(1) swim fast「速く泳ぐ」、ride a unicycle「一輪車に乗る」
(2) cook well「じょうずに料理をする」、play the piano「ピアノを演奏する」
(3) run fast「速く走る」、play soccer「サッカーをする」

3 This is ～. は「こちらは～です」、He[She] is ～. は「彼[彼女]は～です」、He[She] is good at ～. は「彼[彼女]は～が得意です」という意味です。

(1) father「お父さん」、teacher「先生」、fishing「魚つり」

(2) mother「お母さん」、florist「花屋さんの店員」、playing the guitar「ギターを演奏すること」

(3) brother「お兄さん」、nurse「看護師」、dancing「おどること」

(4) grandfather「おじいさん」、farmer「農家」、table tennis「卓球」

4 Can you～ well? は「あなたはじょうずに～することができますか」という意味です。
答えるときは Yes, I can.（はい、できます）や No, I can't.（いいえ、できません）と言います。
No, I can't. のあとにできることを言うときは、But I can ～.「しかし、わたしは～することができます」を続けます。cook curry「カレーを作る」、make a fire「火をおこす」、playing tennis「テニスをすること」

5 (1)(2)「こちらはだれですか」は Who is this? と言います。This is ～.「こちらは～です」で答えます。

(3)「あなたは～が得意ですか」は Are you good at ～? と言います。dodgeball「ドッジボール」

(4)「彼は～です」は He is ～. と言います。strong「強い」

6 She is my ～. は「彼女はわたしの～です」という意味です。friend「友だち」
She is ～. は「彼女は～です」という意味です。talented「才能のある」
She can ～. は「彼女は～することができます」という意味です。sing well「じょうずに歌う」

読まれた英語

1 (1) walk
(2) fire fighter
(3) monkey
(4) violin

2 (1) I can swim fast. I can't ride a unicycle.
(2) I can cook well. I can't play the piano.
(3) I can run fast. I can't play soccer.

3 (1) This is my father. He is a teacher. He is good at fishing.
(2) This is my mother. She is a florist. She is good at playing the guitar.
(3) This is my brother. He is a nurse. He is good at dancing.
(4) This is my grandfather. He is a farmer. He is good at table tennis.

4 Hello, Takeru. Can you cook curry well?
— No, I can't. But I can make a fire.
Are you good at playing tennis?
— Yes, I am.

学年末のテスト

1 (1) × (2) ○ (3) ○ (4) ×

2

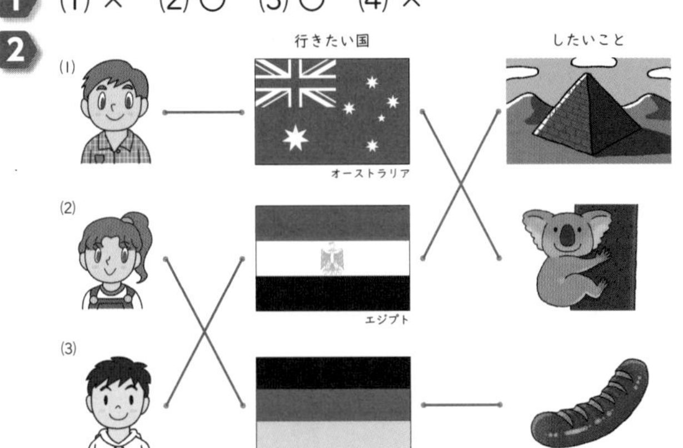

行きたい国
したいこと
(1)
(2)
(3)
オーストラリア
エジプト
ドイツ

3

	都道府県	あるもの	できること
(1)	（ コ ）	阿蘇山（あそさん）	（ カ ）
(2)	兵庫県	（ ア ）	（ キ ）
(3)	青森県	（ ウ ）	青森ねぶた祭を楽しむ
(4)	（ ク ）	琵琶湖（びわこ）	（ オ ）

4 (1) 理科 (2) 本を読む (3) スキー (4) カナダ

5

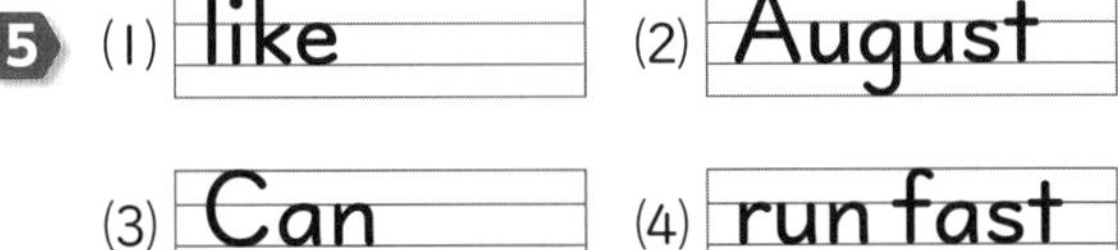

(1) like (2) August

(3) Can (4) run fast

6

Who is this?
こちらはだれですか。

This is Mr. Hayashi.
こちらは林さんです。
He is a baker.
彼（かれ）はパン職人（しょくにん）です。
He can bake bread.
彼はパンを焼くことができます。

てびき

1 (1) clean「そうじをする」

(2) on「上に」

(3) December「12 月」

(4) ball「ボール」

2 Where do you want to go? は「あなたはどこに行きたいですか」という意味です。I want to go to ～.（わたしは～に行きたいです）で答えます。What do you want to do in ～? は「あなたは～で何をしたいですか」という意味です。I want to ～.（わたしは～したいです）で答えます。

(1) Australia「オーストラリア」、see koalas「コアラを見る」

(2) Germany「ドイツ」、eat sausages「ソーセージを食べる」

(3) Egypt「エジプト」、see the Pyramids「ピラミッドを見る」

3 Where is ～? は「～はどこにありますか」という意味です。It is in ～.（それは～にあります）で答えます。In ～, you can .... は「～では（あなたは）…することができます」という意味です。

(1) Mt. Aso「阿蘇山（あそさん）」、eat watermelon「スイカを食べる」

(2) Himeji Castle「姫路城（ひめじじょう）」、swim in the sea「海で泳ぐ」

(3) Lake Towada「十和田湖（とわだこ）」、enjoy Aomori Nebuta Festival「青森ねぶた祭を楽しむ」

(4) Lake Biwa「琵琶湖（びわこ）」、enjoy fishing「魚つりを楽しむ」

4 (1) I like ～. は「わたしは～が好きです」という意味です。science「理科」

(2) I usually〈動作を表すことば〉on〈曜日〉. は「わたしはふだん～曜日に…をします」という意味です。read books「本を読む」

(3) I'm good at ～. は「わたしは～が得意（とくい）です」という意味です。skiing「スキー」

(4) I want to go to ～. は「わたしは～に行きたいです」という意味です。Canada「カナダ」

5 (1)「あなたは～が好きですか」は Do you like ～? と言います。

(2)「わたしの誕生日（たんじょうび）は～月…日です」は My birthday is〈月〉〈日〉. と言います。August「8月」

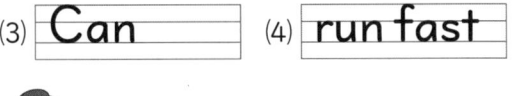

(3)(4)「あなたは～することができますか」は Can you ～? と言います。答えるときは Yes, I can.（はい、できます）や No, I can't.（いいえ、できません）と言います。No, I can't. のあとに

できることを言うときは、But I can ～.「しかし、わたしは～することができます」を続けます。run fast「速く走る」

6 「こちらはだれですか」は Who is this? と言います。This is ～.（こちらは～です）で答えます。
「彼(かれ)は～です」は He is ～. と言います。「彼は～することができます」は He can ～. と言います。
baker「パン職人(しょくにん)」、bake bread「パンを焼く」

読まれた英語

1 (1) clean
(2) on
(3) December
(4) ball

2 (1) Where do you want to go?
— I want to go to Australia.
What do you want to do in Australia?
— I want to see koalas.
(2) Where do you want to go?
— I want to go to Germany.
What do you want to do in Germany?
— I want to eat sausages.
(3) Where do you want to go?
— I want to go to Egypt.
What do you want to do in Egypt?
— I want to see the Pyramids.

3 (1) Where is Mt. Aso?
— It is in Kumamoto. In Kumamoto, you can eat watermelon.
(2) Where is Himeji Castle?
— It is in Hyogo. In Hyogo, you can swim in the sea.
(3) Where is Lake Towada?
— It is in Aomori. In Aomori, you can enjoy Aomori Nebuta Festival.
(4) Where is Lake Biwa?
— It is in Shiga. In Shiga, you can enjoy fishing.

4 Hello. My name is Nanami. I like science. I usually read books on Thursdays. I'm good at skiing. I want to go to Canada.

単語リレー

❶ family ❷ father
❸ sister ❹ steak
❺ spaghetti
❻ fried chicken
❼ recorder ❽ guitar
❾ drum ❿ dodgeball
⓫ badminton ⓬ volleyball
⓭ chair ⓮ glove
⓯ calendar ⓰ English
⓱ Japanese ⓲ math
⓳ Sunday ⓴ Wednesday
㉑ Friday ㉒ spring
㉓ summer ㉔ fall
㉕ winter ㉖ January
㉗ July ㉘ December
㉙ America ㉚ Japan
㉛ doctor ㉜ teacher
㉝ gym ㉞ station
㉟ big ㊱ kind
㊲ like
㊳ go to school

3 2 1 0 9 8 7 6 5 4
＊ ＊ D C B A

●勉強した日　　月　　日

5年生の単語38語を書こう!

単語リレー

時間 30分

名前

単語カード 1 〜 156

答え 18ページ

5年生のわくわく英語カードで覚えた単語のおさらいです。絵に合う単語を から選び、 に書きましょう。

❶  家族

❷  お父さん

❸  お姉さん、妹

❹  ステーキ

❺  スパゲッティ

❻ 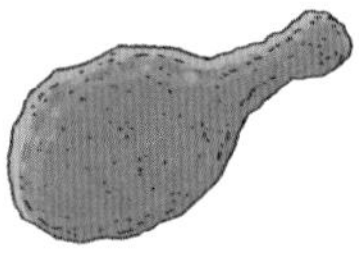 フライドチキン

❼ 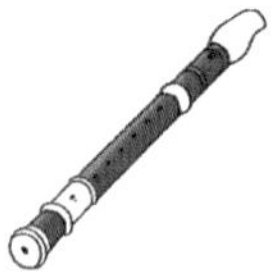 リコーダー

❽  ギター

steak

father

sister

guitar

family

fried chicken

spaghetti

recorder

㉙ アメリカ

㉚ 日本

㉛ 医者

㉜ 先生

㉝ 体育館

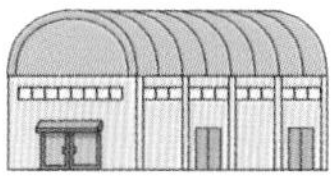

㉞ 駅

㉟ 大きい

㊱ 親切な

㊲ 好きである

㊳ 学校へ行く

kind

teacher

go to school

gym

Japan

station

big

America

like

doctor

採点をして正しく書けた語数を入れよう！
語/38語
クリア!

⑨ 太鼓（たいこ）

⑩ ドッジボール

⑪ バドミントン

⑫ バレーボール

⑬ いす

⑭ グローブ

⑮ カレンダー

⑯ 英語

⑰ 国語

⑱ 算数

drum
English
volleyball
math
badminton
glove
Japanese
chair
calendar
dodgeball

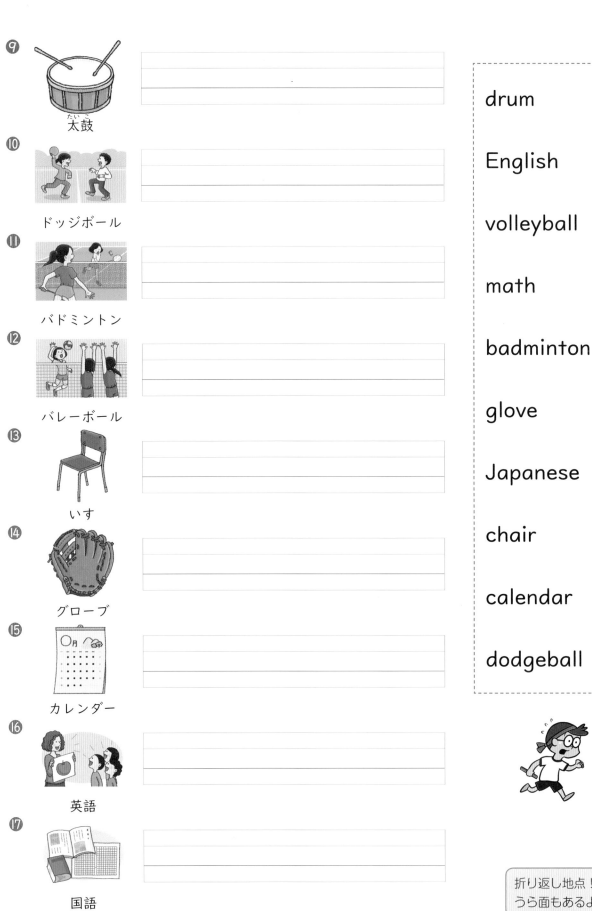

⑲ 日曜日

⑳ 水曜日

㉑ 金曜日

㉒ 春

㉓ 夏

㉔ 秋

㉕ 冬

㉖ 1 月

㉗ 7 月

12 月

Wednesday

January

summer

Friday

spring

Sunday

winter

December

fall

July

3 音声を聞いて、それぞれの都道府県やそこにあるもの、できることを下から選んで、記号を（　）に書きましょう。

1つ6点〔42点〕

t37

	都道府県	あるもの	できること
(1)	(　　　)	阿蘇山	(　　　)
(2)	兵庫県	(　　　)	(　　　)
(3)	青森県	(　　　)	青森ねぶた祭を楽しむ
(4)	(　　　)	琵琶湖	(　　　)

ア　姫路城　　イ　富士山　　ウ　十和田湖　　エ　名古屋城
オ　魚つりを楽しむ　　カ　スイカを食べる　　キ　海で泳ぐ
ク　滋賀県　　ケ　広島県　　コ　熊本県

4 ナナミがクラスで発表をしています。音声を聞いて、その内容に合うように（　）に日本語を書きましょう。

1つ6点〔24点〕

t38

Nanami

	テーマ	答　え
(1)	好きな教科	(　　　　　　　　)
(2)	ふだん木曜日にすること	(　　　　　　　　)こと
(3)	得意なこと	(　　　　　　　　)
(4)	行きたい国	(　　　　　　　　)

うら面の問題も解きましょう。

●勉強した日　　月　　日

実力判定テスト

学年末のテスト

時間 10分

名前　　得点　　/50点

書く　読む

教科書 12～101ページ　答え 17ページ

5 日本語の意味になるように［　］から選んで、＿＿に英語を書きましょう。文の最初にくることばは大文字で書きはじめましょう。　1つ5点〔20点〕

⑴ あなたはバドミントンが好きですか。

Do you ＿＿＿＿ badminton?

⑵ わたしの誕生日は８月８日です。

My birthday is ＿＿＿＿ 8th.

⑶ あなたはピアノを演奏することができますか。

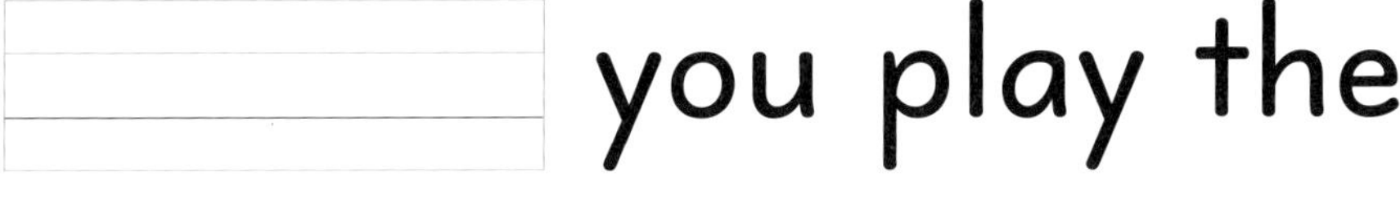

＿＿＿＿ you play the piano?

⑷ ［⑶に答えて］　いいえ、できません。しかし、わたしは速く走ることができます。

No, I can't.

But I can ＿＿＿＿.

run fast / have / do / can
swim fast / April / August / like

6 日本語の意味を表す英語の文を［　　］から選んで、＿＿に書きましょう。　1つ10点〔30点〕

＿＿＿＿＿＿＿＿＿＿＿＿＿＿＿＿＿＿＿＿

こちらはだれですか。

This is Mr. Hayashi.

こちらは林さんです。

＿＿＿＿＿＿＿＿＿＿＿＿＿＿＿＿＿＿＿＿

彼(かれ)はパン職人(しょくにん)です。

＿＿＿＿＿＿＿＿＿＿＿＿＿＿＿＿＿＿＿＿

彼はパンを焼くことができます。

He can bake bread. / Who is this?
He is a baker. / He is a bus driver.

●勉強した日　　月　　日

実力判定テスト

学年末のテスト

時間 20分

名前　　得点　　/100点

音声

教科書 12～101 ページ　答え 17 ページ

聞く

1 音声を聞いて、絵の内容と合っていれば○、合っていなければ×を（ ）に書きましょう。

1つ4点〔16点〕

(1)

（　　　）

(2)

上に

（　　　）

(3) 12月

（　　　）

(4)

（　　　）

2 音声を聞いて、それぞれの行きたい国としたいことを線で結びましょう。

1つ6点〔18点〕

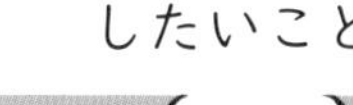

行きたい国　　したいこと

(1)

オーストラリア

(2)

エジプト

(3)

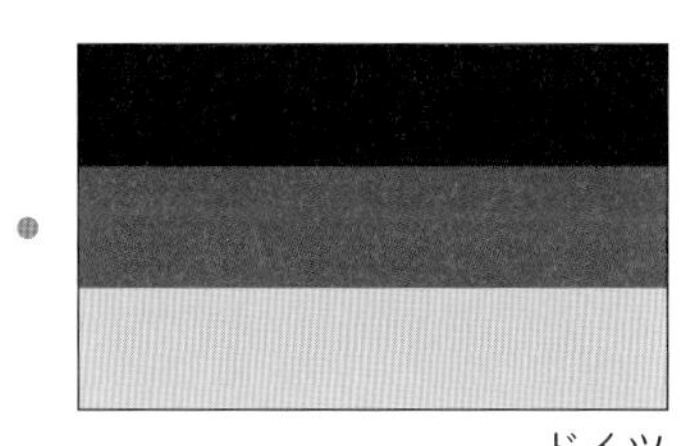

ドイツ

6 リカがアンナを紹介(しょうかい)しています。メモを見て、内容(ないよう)に合うように［　］から選んで、＿＿に英語を書きましょう。

1つ10点〔30点〕

【メモ】
名　　前：アンナ
関　　係：友だち
性格(せいかく)・特徴(とくちょう)：才能(さいのう)がある
できること：じょうずに歌うこと

This is Anna.

She is my ＿＿＿＿＿＿＿＿.

She is ＿＿＿＿＿＿＿＿.

She ＿＿＿＿＿＿＿＿ well.

funny / friend / can sing / talented
sister / can dance

●勉強した日　　月　　日

実力判定テスト

冬休みのテスト

時間 20分

名前　　得点　　/100点

音声

教科書 42～73ページ　答え 15ページ

聞く

1 音声を聞いて、絵の内容(ないよう)と合っていれば○、合っていなければ×を（　）に書きましょう。

1つ5点〔20点〕

t31

(1)

（　　　）

(2)

（　　　）

(3)

（　　　）

(4)

（　　　）

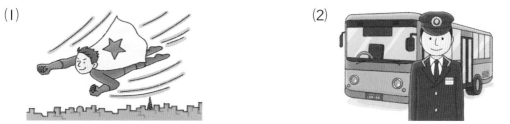

2 音声を聞いて、それぞれのできることとできないことを線で結びましょう。

1つ6点〔18点〕

t32

できること　　できないこと

(1)

(2)

(3)

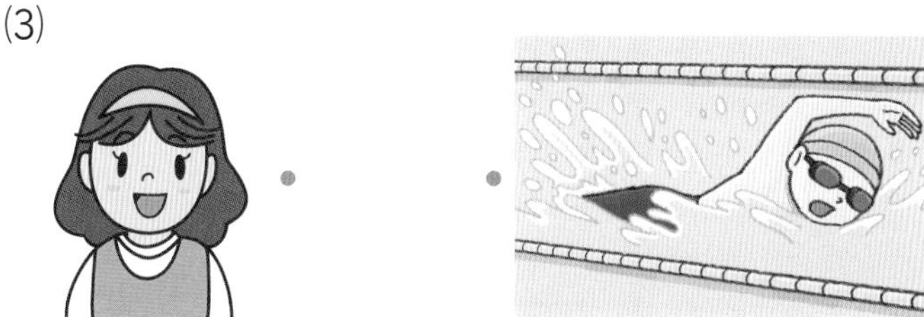

3 音声を聞いて、それぞれの職業と得意なことを下から選んで、記号を（　）に書きましょう。

1つ4点〔32点〕

(1)	職業 （　　　）	(2)	職業 （　　　）
	得意なこと （　　　）		得意なこと （　　　）
(3)	職業 （　　　）	(4)	職業 （　　　）
	得意なこと （　　　）		得意なこと （　　　）

ア　看護師　　イ　パン職人　　ウ　農家　　エ　花屋さんの店員
オ　先生　　カ　おどること　　キ　魚つり
ク　料理をすること　　ケ　卓球　　コ　ギターを演奏すること

4 メアリーがタケルにインタビューをしています。音声を聞いて、その内容に合うように（　）に日本語を書きましょう。

1つ10点〔30点〕

Takeru

	テーマ	答え
(1)	できること	（　　　　　　　）こと
(2)	できないこと	（　　　　　　　）を作ること
(3)	得意なこと	（　　　　　　　）をすること

うら面の問題も解きましょう。

●勉強した日　　月　　日

実力判定テスト

冬休みのテスト

時間 10分

名前

得点 /50点

教科書 42～73ページ　答え 15ページ

書く　読む

5 日本語の意味になるように［　　］から選んで、＿＿に英語を書きましょう。文の最初にくることばは大文字で書きはじめましょう。

1つ5点〔20点〕

(1) こちらはだれですか。

＿＿＿ is this?

(2) [(1)に答えて] こちらはユキです。

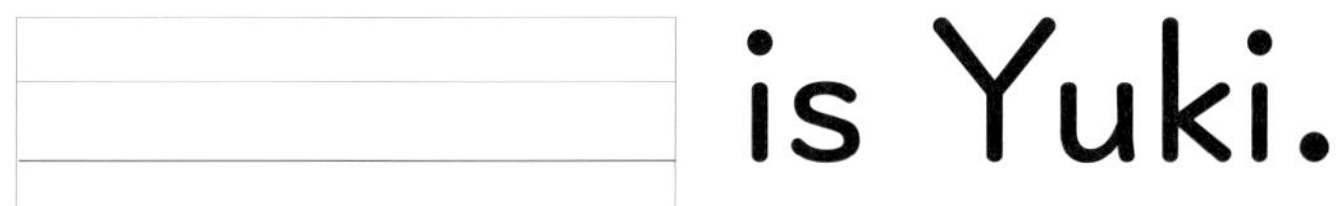

＿＿＿ is Yuki.

(3) あなたはドッジボールが得意ですか。

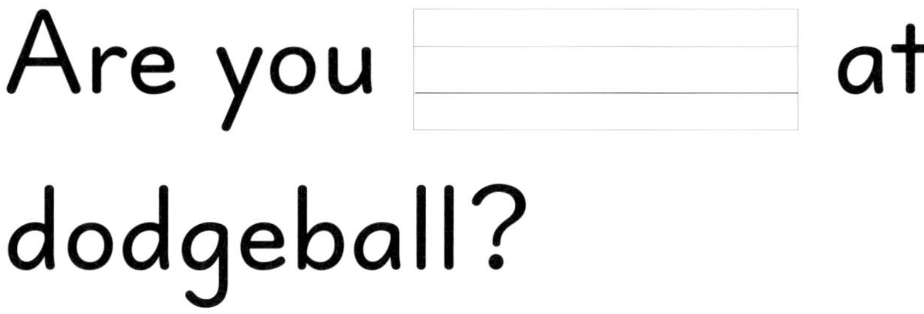

Are you ＿＿＿ at dodgeball?

(4) 彼は強いです。

He is ＿＿＿.

what / good / who / kind / strong / this

●勉強した日　　月　　日

実力判定テスト 夏休みのテスト

時間 20分

名前　　得点　　/100点

音声

教科書 12～33ページ　答え 14ページ　聞く

1 音声を聞いて、絵の内容と合っていれば○、合っていなければ×を（　）に書きましょう。

1つ5点〔20点〕

(1)

（　　　）

(2)

（　　　）

(3)

（　　　）

(4)

（　　　）

2 音声を聞いて、それぞれの受ける教科と曜日を線で結びましょう。

1

(1)

(2)

(3)

6 ダイスケが書いたメモを見て、内容に合うように[ ]から選んで、＿＿に英語を書きましょう。 1つ10点〔20点〕

【メモ】
好　き　な　教　科：音楽
好きではない教科：算数
月曜日にある教科：理科

My name is Daisuke.

I like ＿＿＿＿＿＿＿＿ .

I don't like math.

I have ＿＿＿＿＿＿＿＿

n Mondays.

sic / Japanese / science / social studies

●勉強した日　月　日

実力判定テスト

夏休みのテスト

時間 10分　名前　得点 /50点

教科書 12～33ページ　答え 14ページ

書く　読む

5 日本語の意味になるように［　　］から選んで、＿＿に英語を書きましょう。文の最初にくることばは大文字で書きはじめましょう。 1つ6点〔30点〕

(1) それはどのようにつづりますか。

How do you ＿＿＿＿ it?

(2) あなたの誕生日はいつですか。

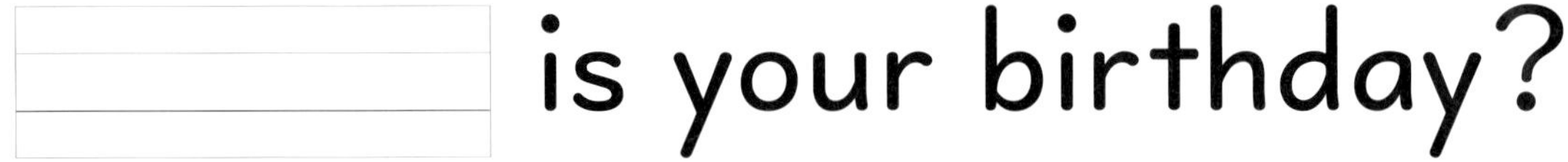

＿＿＿＿ is your birthday?

(3) あなたは黄色が好きですか。

Do you like ＿＿＿＿ ?

(4) [(3)に答えて] はい、好きです。

Yes, I ＿＿＿＿ .

(5) わたしはふだん日曜日にテレビを見ます。

I usually ＿＿＿＿ TV on Sundays.

when / do / watch / spell / what / yellow

3 音声を聞いて、それぞれがふだんしていることを下から選んで、記号を（　）に書きましょう。

1つ8点〔32点〕

t29

(1) Akira（　　　）

(2) Yuki（　　　）

(3) Tomoki（　　　）

(4)

Rika（　　　）

ア　土曜日にサッカーをする　　イ　金曜日に本を読む

ウ　木曜日にダンスのレッスンを受ける

エ　火曜日に空手を練習する　　オ　日曜日に料理をする

4 ミユが自己紹介をしています。音声を聞いて、その内容に合うように（　）に数字または日本語を書きましょう。

1つ10点〔30点〕

t30

Miyu

	テーマ	答　え
(1)	誕生日	（　　　　）月（　　　　）日
(2)	好きな色	（　　　　　　　　）
(3)	好きなスポーツ	（　　　　　　　　）

うら面の問題も解きましょう。